창조적인 아이디어를 찾아라!

슘페터가 들려주는 기업가 정신 이야기

14
경제학자가 들려주는
경제 이야기

고전 속 경제,
교과서와 만나다

슘페터가 들려주는
기업가 정신 이야기

창조적인
아이디어를
찾아라!

이영직 지음 · 황기홍 그림

|주|자음과모음

여러분, 이렇게 책을 통해서나마 만나게 되어 반갑습니다. 이제 저와 함께 20세기의 가장 유명한 경제학자의 한 사람이었던 슘페터 (Joseph Alois Schumpeter)에 대해 공부할 시간입니다. 슘페터라는 학자를 몰라도 그가 남긴 "창조적 파괴"라는 명언은 한 번쯤 들어 보았을 것입니다. 애덤 스미스가 남긴 "보이지 않는 손"이라는 말과 함께 경제학 책에서 가장 많이 인용되는 유명한 말이지요. 창조적 파괴란 혁신을 통해 기존의 낡은 질서를 파괴하고 새로운 질서를 만들어 간다는 뜻입니다. 자본주의 경제는 그런 창조적 파괴를 통해 늘 새롭게 태어난다는 것이 슘페터의 생각이었습니다.

20세기에 가장 중요한 경제학자를 들라고 하면 대부분 케인스와 슘페터를 꼽습니다. 두 사람은 묘하게도 1883년 같은 해에 동갑내기로 태어났지만, 경제학 이론에 있어서는 평생 대립 관계에 있었습니다. 재미있는 것은, 살아 있는 동안에는 케인스가 훨씬 더 유명했지만 죽은 다음에는 슘페터가 점점 더 유명한 경제학자로 부각되고 있다는 점입니다. 20세기 후반, 21세기에 접어들어 슘페터의 이론이 다시 각광 받기 시작한 것입니다.

여기서 슘페터가 다시 주목받는 이유를 살펴보겠습니다. 1980년대 미국 경제는 일본 제조업에 밀려 침체에 빠져 있었습니다. 미국 경제가 다시 활기를 띠기 시작한 것은 1990년대 이후 IT 산업 분야의 혁명이 일어나면서부터였습니다. IT란 information technology를 줄인 말로, 컴퓨터, 인터넷, 멀티미디어, 소프트웨어 등의 정보 통신 분야를 가리키는 말입니다.

이때 혁명을 주도한 인물이 마이크로소프트의 빌 게이츠, 애플의 스티브 잡스, 인텔의 고든 무어, 야후의 제리 양, 구글의 래리 페이지와 세르게이 브린 등의 젊은이들이었습니다. 이들의 혁신으로 미국 경제가 활기를 띠자, 사람들은 슘페터가 그토록 강조했던 '혁신'과 혁신의 주체로서 '기업가'의 중요성을 다시 평가하기 시작한 것입니다. 창조적 파괴를 통한 혁신이야말로 진정한 자본주의의 본질이며, 그것을 주도하는 사람이 바로 기업가라고 주장한 것이 슘페터였습니다.

어느 분야든 혁신을 통한 창조적 파괴의 가능성은 늘 열려 있습니다. 여러분, 처음 IBM에서 만들었던 컴퓨터의 크기가 어느 정도였는지 짐작할 수 있나요? 지금 여러분이 공부하고 있는 교실 하나를 꽉 채울 정도의 크기였답니다. 그러나 그 성능은 지금 여러분이 사용하고 있는 컴퓨터의 절반에도 미치지 못했어요. 그동안 어느 정도의 창조적 파괴가 있었는지 짐작할 수 있는 대목이지요.

창조적 파괴는 꼭 기술적 혁신만을 의미하는 것은 아닙니다. 새로운 비즈니스 모델이나 접근 방법, 동시대의 잠재적 욕구를 반영하는 네트워크 모두가 혁신이 될 수 있습니다. 기회는 변화의 와중에 있습니다. 21세기에 들어 기업 환경의 변화를 사람들은 '10배속, 럭비공'이라는 말로 설명하기도 합니다. 10배속이란 20세기에 비해 변화의 속도가 열 배나 빠르다는 의미이고, 럭비공이라 함은 변화의 방향이 어디로 튈지 모른다는 뜻입니다. 이처럼 예측하기 어려운 빠른 변화는 기존의 기업에게는 위협이 되지만, 새로운 가능성을 찾는 사람에게는 아주 좋은 기회가 될 수 있습니다. 지금 우리가 맞고 있는 21세기는 아이디어 하나만으로도 훌륭한 기업가가 될 수 있는 가능성이 열려 있는 시대입니다. 이 책을 읽는 학생들 중에서도 훌륭한 기업가가 많이 나왔으면 좋겠습니다.

이영직

첫 번째 수업 경제 활동과 경제 주체들의 역할

두 번째 수업 기업가의 역할과 창조적 파괴

세 번째 수업 혁신

이윤을 추구하기 위한 기업의 생산 활동에는 많은 위험이 뒤따른다. 신기술이나 원료 개발에 실패할 수도 있고, 신제품이 소비자들에게 외면당할 수도 있다. 따라서 기업이 이러한 위험을 감수하고 혁신 정신을 발휘하여 얻은 이윤은 사회적으로 정당한 대가로 인정되어야 한다.

중학교	사회 3	Ⅹ. 일상생활과 경제 주체의 역할 2. 생산자의 경제적 역할과 책임 – 기업의 경제적 역할과 책임
고등학교	경제	Ⅲ. 경제 주체의 합리적 선택 2. 효율적인 기업 경영과 기업 윤리 – 기업의 생산 활동 – 기업 경영과 국제 경쟁력

기업은 재화와 용역의 생산을 통하여 우리에게 물질적 필요를 충족시켜 준다. 기업은 가계에서 제공하는 자본과 노동을 사용하여 생산 활동에 종사하고 기술 혁신을 이룩하여 국민 생활을 풍요롭게 하는 역할을 수행한다. 이 과정에서 기업은 정부의 도움을 받기도 하면서 경제를 발전시키게 된다.

기업가는 회사를 일상적으로 운영하는 일을 넘어서 창조적으로 미래를 개척하는 모험과 개척의 정신을 발휘해야 한다. 단순히 회사를 관리하는 차원의 활동이 아니라, 기업의 진로를 결정하고 이를 바탕으로 기업 구성원들의 활동을 조직하고 이끌어 나가는 중요한 역할을 담당한다.

	세계사	슘페터	한국사
1883	케인스 출생, 카를 마르크스 사망	오스트리아–헝가리 제국에서 출생	
1894			동학 농민 운동
1905			을사조약
1906		빈 대학교 졸업(경제학 박사)	
1908		『이론경제학의 성격과 본질』 출간	
1909		체르노비츠 대학 교수	
1910			한일병합
1911	중화민국 성립	오스트리아 그라츠 대학 교수, 『경제 발전의 이론』 출간	
1914	제1차 세계 대전 발발		
1916	아인슈타인, 일반 상대성 이론 발표		
1917	러시아 혁명		
1919	제1차 세계 대전 종결	오스트리아 재무 장관	3·1 운동
1920		비더만 은행 총재	
1923	관동 대지진		
1925		독일 본 대학 교수	
1929	세계 대공황		광주 학생 항일 운동
1932		미국 하버드 대학교 교수	
1933	미국 뉴딜 정책		윤봉길 의거
1937	중일 전쟁		
1939	제2차 세계 대전 발발	『경기순환론』 출간	
1941	태평양 전쟁 시작		징용
1942		『자본주의, 사회주의, 민주주의』 출간	
1944	노르망디 상륙 작전		
1945	일본 패망		8·15 광복
1948		미국 경제학회 회장	대한민국 정부 수립
1950		미국 코네티컷 주에서 사망	6·25 전쟁 발발

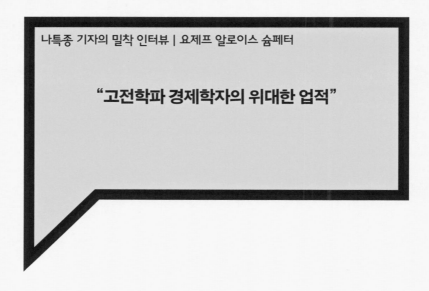

"고전학파 경제학자의 위대한 업적"

경제학 이론 중에서도 가장 역동적이라는 평가를 듣고 있는 슘페터 선생님의 이론을 공부할 시간입니다. 수업에 앞서 슘페터 선생님을 모시고 이야기를 직접 들어 보는 귀한 시간을 잠시 가져 보겠습니다.

안녕하세요, 나특종 기자입니다. 저명한 교수님을 직접 인터뷰하려니까 설레기까지 하는데요, 먼저 간단한 인사 말씀 부탁드립니다.

안녕하세요, 슘페터입니다. 어려운 경제 이야기를 쉽게 설명해 달라는 부탁을 받고 이렇게 수업에 참여하게 되었습니다. 아마도 내 이야기를 듣고 나서 공부하면 경제학 책이 만화책보다 더 재미있을 거예요. 오늘 내 이야기를 듣고 이 교실에서도 훌륭한 경제학자가 많이 나오기를 기대해 봅니다.

먼저 질문 아닌 질문부터 드리겠습니다. 선생님의 이름은 'Joseph Alois Schumpeter'로 표기하는데, 사람들마다 발음을 다르게 하더라고요. '요제프 알로이스 슘페터'로 부르는 사람도 있고 '조지프 알로이스 슘페터'로 부르는 사람도 있던데요, 어떻게 발음하는 것이 맞는지요?

프랑스의 수도 Paris를 한국에서는 어떻게 발음하나요? 빠리? 패리스? 빠리는 프랑스 식 발음이고 패리스는 영어식 발음입니다. 프랑스 사람이라면 어떻게 부르는 것을 더 좋아할까요?

그야 프랑스 식으로 발음하는 것을 더 좋아하겠지요.

바로 그겁니다. 제 이름을 '요제프 알로이스 슘페터'라고 부르면 제가 태어나고 자란 오스트리아 식 발음이고, '조지프 알로이스 슘페터'로 부르면 제가 나중에 살았던 미국식 발음입니다. 둘 다 맞습니다만, 저는 제가 태어난 오스트리아 식 발음으로 불리는 것을 더 좋아합니다. 제가 존경하는 경제학자 중에 한계 효용 이론을 주창한 'Walras'라는 분이 있지요. 그는 스위스에 오래 살았지만 국적은 프랑스거든요. 그래서 프랑스 식으로 읽으면 '발라'가 되고 영어식으로 읽으면 '왈라스'가 됩니다.

그렇군요. 앞으로는 선생님을 '요제프 알로이스 슘페터' 선생님으로 부르겠습니다. 이번에는 선생님의 성장 과정에 관해 몇 가지 여쭙겠습니다. 수줍음

많은 소년이었다고 들었는데요, 선생님의 성장 과정은 어떠했나요?

어릴 적 이야기를 하려니 쑥스럽네요. 제가 네 살 때 아버지가 돌아가셨어요. 그 후 어머니는 나이가 서른 살이나 더 많은 육군 중장과 재혼하셨지요. 빈에 주재하는 오스트리아 군 사령관으로 지위가 아주 높은 군인이었지요. 저에게는 할아버지 같은 의붓아버지였어요. 그러자 제 신분도 중산 계급에서 갑자기 귀족으로 바뀌어, 학교도 귀족들이 다니는 테레지아눔에 다니게 되었답니다. 갑자기 변한 환경 때문에 저는 친구들과 잘 어울리지 못하는 내성적인 성격이 되었어요.

선생님께서는 20대 중반에 이미 『이론 경제학의 성격과 본질』이라는 무게 있는 책을 저술하셨고, 10여 개국 언어를 구사하셨으며, 직업도 아주 다양해서 교수에다 재무 장관, 은행 총재, 변호사까지 하셨더군요. 보통 사람으로서는 어느 한 가지도 하기 힘든 일인데, 선생님은 타고난 천재였습니까, 아니면 노력가였습니까?

천재라니요, 당치도 않은 말입니다. 제가 빈 대학에서 경제학을 공부하고 나서 영국을 방문했을 때였어요. 그곳에서 당시의 유명한 경제학자이신 마셜 선생을 찾아가 뵌 적이 있습니다. 그분을 만나 저도 훌륭한 경제학자가 되고 싶다고 했더니 마셜 선생께서 하시는 말씀이, 너는 훌륭한 경제학자가 되기는 아예 틀렸으니 냉수나 마시라고 하더군요.(모두 웃음)

또 저는 경제학에서 수학의 중요성을 아주 강조하는 사람입니다만, 저 자신은 수학을 잘하지 못했습니다. 그래서 하버드 대학에 있을 때에도 수리 경제학 강좌는 다른 사람에게 맡겨야 했지요. 그리고 제가 대학에서 경제학만 공부한 게 아니라 법학도 공부했거든요. 변호사 자격증은 그때 따 두었어요. 그리고 여러 나라의 언어를 구사하는 것은, 귀족 학교에 다닐 때 라틴 어와 그리스 어를 공부했고, 집에서는 영어, 프랑스 어, 이탈리아 어를 사용했는데, 그 덕분이지요.

아마도 선생님 이름보다 더 유명한 것이 선생님의 이론인 '창조적 파괴'가 아닐까 하는데요, 창조적 파괴를 학생들이 쉽게 알 수 있도록 예를 들어 설명해 주셨으면 합니다.

경제란 그 자리에 머물러 있으면 고인 물과 같이 썩고 맙니다. 경제가 발전한다는 것은 늘 새로운 것이 나타나 기존의 것을 파괴하는 과정이지요. 강물을 보세요. 잠시라도 한자리에 머무는 적이 있는가 말입니다. 낡은 것은 늘 새로운 것으로 대체됩니다. 한국의 사례를 들어 볼까요? 한국은 디지털 휴대 전화 시장에서 세계적인 강국이지요. 여러분은 혹시 아날로그 휴대 전화를 본 적이 있나요? 1990년대에 사용했던 아날로그 휴대 전화는 군에서 사용하는 무전기 정도로 크고 무거웠습니다. 가격도 엄청 비쌌고요. 아날로그 휴대 전화는 디지털 방식의 휴대 전화가 등장하면서 사라졌지요.

디지털 휴대 전화도 2G, 3G, 4G로 진화되어 2G 통신망은 이제 골칫덩어리로 변했답니다. 2G 통신망을 유지하자니 돈이 많이 들고 없애려니 기존의 가입자들이 반발하는 사태가 일어난 것

> **디지털**
> 디지털은 0과 1이라는 신호 체계로 구성되어 단속적입니다. 시간이 숫자로 표현되는 시계는 디지털 방식의 시계입니다.
>
> **아날로그**
> 아날로그는 연속적으로 변화하는 물리량을 표현합니다. 바늘이 움직이는 시계는 아날로그 방식의 시계입니다.

이지요. 그러나 시간이 문제일 뿐 머지않아 사라질 것이 분명해 보입니다. 이처럼 시장은 새로운 것이 나타나 옛것을 몰아내는 순환 과정입니다. 이런 것이 창조적 파괴입니다.

　　좀 곤란한 질문을 드려도 될지 모르겠습니다. 선생님의 이름이 나올 때는 대부분 영국의 경제학자 케인스가 함께 등장하는데요, 케인스와는 어떤 관계였나요?

　　아, 진짜로 곤란한 질문이군요. 케인스와 저 사이에는 참으로 묘한 인연이 있습니다. 우리 두 사람은 1883년, 같은 해에 태어났어요. 제가 몇 개월 먼저 태어났지요. 마침 그 해는 공산주의 이론가 카를 마르크스가 사망한 해이기도 한데요. 마르크스는 공산주의 이론가이고 케인스와 저는 자본주의 이론가이니 세 사람이 참 묘한 인연인 것 같습니다. 그러나 케인스와 저는 학문적으로는 대립 관계에 있었습니다. 바로 불황의 원인과 대책을 두고 의견이 달랐던 것이지요.

1930년대에 미국에서 대공황이 일어났을 때 케인스는 유효 수요의 부족을 대공황의 원인으로 꼽았지만, 저는 제1차 세계 대전 이후 경제를 이끌었던 기술적 혁신이 새로운 창조적 파괴를 기다리며 잠시 숨을 고르는 기간이라고 보았습니다.

여기서 대공황의 배경과 유효 수요를 잠깐 설명하고 넘어가야겠군요. 케인스 이전의 경제학자들은 공급과 수요는 늘 일치한다고 생각했습니다. 즉, 공장에서 물건을 만들어 내면 생산에 참여한 근로자들은 임금을 받아 생산된 물건을 모두 구입할 수 있다고 믿었지요. 그러나 제1차 세계 대전 이후의 기술 발전은 놀라운 것이어서, 기업의 생산성은 크게 향상되었지만 고용이나 근로자들의 실질 소득은 생산성 향상을 따라가지 못해 생산된 물건을 모두 소비할 수 없게 되었고, 기업의 창고에는 물건이 가득 쌓이게 되었습니다. 물건이 팔리지 않자 기업들은 근로자를 해고하기 시작했고, 일자리를 잃은 근로자들은 수입이 없어 물건을 구입할 수가 없게 되었지요. 그러자 기업은 다시 근로자들을 해고했습니다. 이것이 연쇄 반응을 일으키면서 대공황으로 이어진 것입니다. 곧 실질적인 소비가 부족하여 공황이 발생했다고 본 것입니다. 유효 수요란 구매로 이어질 수 있는 실제적인 수요를 말합니다.

이에 비해 저는, 19세기 후반, 20세기 초반에 걸쳐 자동차, 전기, 전화, 화학 분야의 기술 발전과 혁신으로 호황을 맞았으나, 1920년대 이후 정체기를 겪으면서 1930년대의 대공황으로 이어졌다고 보았어요. 새로운 혁신을 준비하는 기간으로 보았던 것입니다.

공공 투자
공적인 목적을 위하여 정부나 지방 자치 단체에 의하여 이루어지는 투자를 뜻합니다.

오일 쇼크
1973년 10월 제4차 중동 전쟁이 일어나자, 아랍 산유국은 석유를 정치적 수단으로 이용하여 석유 가격을 4배 이상 폭등시켰습니다. 또한 1979년에는 이란에 혁명이 일어나면서 석유 수출이 반 이상 급감하였습니다. 이는 석유의 공급 불안과 가격 폭등을 가져왔으며 세계 경제를 혼란에 빠뜨렸습니다.

어쨌든 케인스의 이론에 따라 유효 수요를 창출하기 위한 대대적인 공공 투자를 실시하여 미국을 불황의 늪에서 건졌지 않습니까?

뉴딜 정책이라고 부르는 것 말인가요? 그때 케인스의 건의를 받아들여 미국 정부가 민간 부문에 끼어들면서 경제 활동의 상당 부분을 흡수했지요. 물론 불황이 닥쳤을 때 정부가 지출을 늘리는 것은 어느 정도 필요하다고 보지만, 정부가 경제를 끌어갈 수는 없어요. 정부가 경제를 주도해서 경제가 발전할 수 있다면 사회주의는 무너지지 않았어야 해요. 알다시피 사회주의 국가는 모두 붕괴했잖아요?

1970년대에는 오일 쇼크 후유증으로 스태그플레이션이 일어났지요. 스태그플레이션이란, 경제는 여전히 불황이면서 물가가 오르는 현상을 가리키는 말입니다. 유가 폭등으로 기업의 생산성이 떨어지면서 불황으로 이어지자 각국 정부는 케인스의 처방에 따라 재정을 풀었지만, 기업의 생산성은 회복되지 못하고 물가만 오르는 결과를 낳게 되었지요. 결국 경제는 기업의 혁신을 통해 발전하며, 정부의 개입에는 한계가 있다는 것입니다.

학자들 중에는 20세기 중반을 케인스의 시대라고 한다면 20세기 후반에서 21세기는 선생님의 시대라고 보는 시각이 많은 것 같던데요.

케인스와 저의 가장 큰 차이는, 케인스는 정태적 순환을 분석했지만 저는 동태적 순환을 분석했다는 점입니다. 20세기 초·중반만 해도 경제가 비교적 정태적 순환에 가까웠지요. 정태적 순환은 같은 규모의 생산-소비가 순환되는 과정을 말하고, 동태적 순환은 기업의 혁신에 의해 생산-소비의 규모가 모두 커지는 현상을 말합니다. 정태적 순환에서는 케인스의 이론이 어느 정도 먹힐 수 있었지만, 20세기 후반, 21세기 초반이 되자 경제 환경은 무서울 정도로 변했지요. 디지털이다, 인터넷이다, 정보 통신이다 하는 기술들이 경제를 역동적인 환경으로 만들었어요. 이런 환경에서는 제 이론이 더 적합하다는 이야기일 것입니다.

창조적 파괴를 곧 기업가 정신으로 보아도 될는지요?

그렇습니다. 자본주의 체제는 역사상 그 어떤 계급보다도 더 혁신적이고 효율적이었습니다. 자본주의가 이룩한 생산성을 보세요, 놀라울 정도지요. 공산주의 이론가 마르크스도 자본주의의 생산력만은 인정했습니다. 그런 혁신을 이룩한 것이 모두 기업가들이었어요. 더 많은 이윤을 창출하기 위해서는 끊임없이 혁신해야 했고 그것이 경제 발전으로 이어졌던 것입니다. 그래서 저는 혁신, 곧 창조적 파괴를 기업가 정신과 같은 것으로 보고 있습니다.

선생님의 견해대로라면 경제 발전은 결국 소수의 혁신적인 기업가들에 의해 좌우된다는 것으로 이해해도 될까요?

경제는 경제 활동을 하는 사람들 모두에 의해 발전되는 것입니다만, 경제 발전에 가장 큰 영향을 미치는 것은 새로운 기술, 새로운 비즈니스 모델, 이전까지 없던 새로운 방법으로의 혁신을 주도하는 사람들이라는 의미입니다. 헨리 포드, 빌 게이츠, 스티브 잡스 같은 사람들이 모두 창조적 파괴를 주도하지 않았습니까?

혁신이나 창조적 파괴가 모두 거창한 기술이어야 하는 것은 아닙니다. 새로운 아이디어 하나로도 큰 기업을 일굴 수 있습니다. 영화 〈소셜 네트워크〉에는 페이스북의 기반이 되었던 '페이스 매시' 이야기가 나옵니다. 페이스북의 창시자 마크 주커버그는 여자 친구와 다툰 후 하버드 대학 기숙사로 돌아와 아주 재미있는 발상을 하게 됩니다. 하버드와 다른 대학의 데이터베이스를 연결하여 여학생들의 사진을 올려 인기투표를 해 보자는 것이었지요. 이것이 발전하여 페이스북이 된 것입니다.

경제학에 완벽한 이론은 없는 것 같습니다. 여러 학파가 있고 저마다 경제 현상의 일면을 설명하고 있는 것 같습니다. 선생님과 학문적으로 뜻을 같이하는 학자로는 누가 있습니까?

피터 드러커와 새뮤얼슨이 저와 흡사한 이론을 전개하고 있습니다. 두 분 다 훌륭한 경제학자이지요. 특히 피터 드러커와는 특별한 인연이 있어요. 같은 오스트리아 출신으로 미국으로 건너와서 성공한 경제학자인 점이 같고요, 그의 아버지는 제 후원자 겸 오랜 친구였답니다. 또 제 이론을 가장 훌륭하게 기업에 적용시킨 사람도 피터 드러커였어요. 그래서 피터 드러커를 경제학자가 아닌 경영학자로 보는 이도 있더군요. 죽어가던 기업 GE(제너럴 일렉트릭)를 살려 낸 이론가가 바로 피터 드러커 아닙니까. 경영자의 역할을 강조했다는 점에서 피터 드러커는 20세기 후반의 최고 경제학자가 아닐까 합니다.

오늘 시간을 내 주셔서 대단히 고맙습니다. 선생님의 강의가 우리 학생들에게 많은 도움이 될 것이라고 확신합니다. 감사합니다. 지금까지 나특종 기자였습니다.

경제 활동과 경제 주체들의 역할

경제 활동의 주체는 가계, 기업, 정부로 나눌 수 있습니다. 경제 주체를 구분하는 이유는 무엇일까요? 각 주체가 경제 활동에서 어떤 역할을 하는지 자세히 알아봅시다.

수능과 유명 대학교의 논술 연계

경제 및 경제 행위

'경제(經濟)'라는 말은 어디서 나온 것일까요? 옛날 동양에서는 나라를 다스리는 일 전체를 경세제민(經世濟民)이라고 했습니다. 이것을 글자 그대로 해석하면 나라를 다스리고 백성을 구제한다는 의미이지요. 나라를 다스리는 일에서는 백성들이 먹고사는 문제가 가장 중요했겠지요. 그래서 이것을 줄여서 경제라고 불렀던 것입니다.

현대적 의미에서는 경제를 어떻게 설명하고 있는지, 네이버 백과사전에서 한번 찾아볼까요? 경제란 '재화와 용역을 생산·분배·소비하는 활동 및 그와 직접 관련되는 질서와 행위의 총체'라고 설명하고 있습니다. 설명이 더 어려운 것 같지요? 그래서 이번에는 '경제 행위'를 어떻게 설명하고 있는지 찾아보았습니다. 경제 행위란 '경

> **재화와 용역**
>
> 학용품처럼 사람들에게 유용한 물건으로 형체가 있는 것을 재화라고 부르며, 다른 사람들에게 유용한 일을 해 주는 것을 용역이라고 부릅니다. 의사가 환자를 돌봐 주는 것, 미용사가 손님들의 머리를 예쁘게 다듬어 주는 일도 용역입니다. 용역을 다른 말로 '서비스'라고 부릅니다.

제적 욕망을 채우기 위하여 재화를 획득하고 사용하는 행위'라고 적혀 있어요. 이제 좀 알 것 같습니다만 좀 더 쉽게 풀어 봅시다. 경제란 '인간 생활에 필요한 여러 가지 재화와 용역을 생산하고, 생산에 참여한 사람들에게 일정한 몫을 분배하고, 분배받은 소득을 소비하는 연속적인 과정'이라고 할 수 있을 것 같습니다.

농부가 뙤약볕에서 땀 흘려 농사를 짓는 것이나 어부가 바다에서 고기를 잡는 것, 공장에서 물건을 만드는 것은 생산 활동이며, 생산 활동에 참여한 사람들에게 임금, 이자, 임대료 등을 지불하는 것은 분배입니다. 또 우리가 시장에 가서 생활에 필요한 물건을 구입하는 것, 여행을 가거나 음악회, 연극, 영화를 보는 것은 소비에 해당되지요.

이처럼 경제는 생산-분배-소비가 꼬리에 꼬리를 물고 이어져야 합니다. 이 중 어느 한 고리가 끊어져도 경제는 순환하지 못하게 되지요. 생산이 없으면 분배도 없고, 분배가 없으면 소비도 없습니다. 또 소비가 없으면 생산도 일어나지 않습니다. 말하자면 소비는 생산을 이끌고 가는 기관차와 같은 역할을 하는 것입니다.

생산-분배-소비의 순환은 동일한 규모로 반복되는 경우도 있고, 규모가 확대되거나 축소되는 경우도 있습니다. 규모가 점점 커지는 현상을 경제 발전이라고 부르고 축소되는 것을 불황이라고 부릅니다.

왜 경제가 늘 문제가 되는 것일까요? 경제 문제가 생기는 가장 근본적인 요인은, 인간의 욕심은 끝이 없는데 자원은

소비의 순환 과정

한정되어 있다는 데 있습니다. 그래서 경제 문제가 생기는 것이지요. 따라서 경제 문제의 핵심은 어떻게 하면 사람들이 필요로 하는 것을 많이 생산하여 고르게 혜택을 줄 수 있을까 하는 것으로 요약됩니다.

그렇다면 학생들이 공부하는 것은 경제 행위일까요, 아닐까요? 공부를 하는 것은 경제 행위가 아닙니다. 임금, 이자, 임대료 등의 대가를 받지 않으니까요. 다만 훌륭한 경제 주체가 되기 위해 준비하는 과정이라고 보면 맞을 것 같습니다.

경제 주체의 종류

경제 주체란 경제 활동을 하는 개인이나 집단을 가리키는 말입니다. 여기에는 가계, 기업, 정부 그리고 해외 부문이 있습니다.

가계는 두 가지 역할을 합니다. 기업에 노동력을 제공하여 기업의 생산을 돕는 역할과, 노동력을 제공한 대가로 임금을 받아 생활에 필요한 재화와 서비스를 구입하고 소비하는 주체로서의 역할이 그것입니다. 소비는 생산을 이끌어 내는 기관차와 같은 역할을 합니다. 소비가 없으면 생산으로 이어지지 못합니다. 소비가 뒷받침되는 산업은 발전하지만 그렇지 못한 분야는 쇠퇴하지요. 경제가 발전하기 위해서 건전한 소비가 중요한 이유입니다.

기업은 우리에게 필요한 재화와 용역을 생산합니다.

> **교과서에는**
>
> 자급자족의 농업 사회에서는 소비와 생산 활동 모두를 가계가 담당했지만, 생산과 소비가 분리된 산업 사회 이후에는 생산 활동은 주로 기업이 담당하게 되었습니다.

또 기업은 생산 활동을 하는 과정에서 가계에 일자리를 줍니다. 임금과 이자, 지대를 지불하고 남은 수익이 생산 활동을 통해 얻은 기업의 이윤입니다. 기업이 벌어들이는 돈은 장기적으로는 국민 전체의 몫이 되기 때문에, 나라가 부강해지려면 좋은 기업들이 많아야 하는 것입니다.

정부는 민간 기업이 하기 어려운 일을 맡아 줍니다. 도로를 만들어 공장에서 생산한 물건들이 원활하게 이동할 수 있도록 도와주고, 항만을 건설하여 공장에서 만든 물건을 쉽게 외국으로 수출할 수 있도록 하지요. 도로나 항만과 같은 시설을 '인프라'라고 합니다. 또, 정부는 국방을 튼튼히 하고 공공 서비스를 제공하는 역할도 합니다.

정부는 생산자로서 전기, 수도, 철도 등 공공적인 성격이 짙은 재화와 용역을 생산하기도 하고, 소비자로서 공공의 수요를 위해 소비자가 되기도 합니다. 정부에서 벌이는 공공 사업이 수요를 창출하기 때문입니다. 또, 경제가 원활하게 순환하도록 규칙을 제정하고 이를 관리하는 일도 정부의 몫입니다.

나라에 따라 다르지만, 정부의 재정 수입 확보를 위해 특정 품목을 전매품으로 지정하는 경우도 있습니다. 한국에서는 소금, 담배, 홍삼이 전매품이었다가 소금은 해제되었고, 담배와 홍삼은 허가 품목으로 바뀌었으나 여전히 정부의 통제 아래 있습니다.

인프라

영어의 infrastructure를 줄인 말로 도로나 항만처럼 경제가 원활하게 돌아갈 수 있도록 도와주는 기반 시설을 가리킵니다. 그 외 발전소, 전선, 상하수도, 초고속 통신망, 학교나 병원, 복지 시설 같은 것도 사회적 인프라에 해당됩니다. 사회적 인프라가 풍부할수록 살기 좋은 나라라고 할 수 있습니다.

전매품

국가나 특정 회사가 재정 수입 확보를 위해 특정 물건을 독점하여 판매할 수 있는 권리를 가지는 품목을 뜻합니다. 우리나라에서는 담배와 홍삼을 사실상 전매품으로 취급하고 있습니다.

교과서에는

정보화 시대의 경쟁력 강화를 위한 정보 인프라 구축, 창조적 인적 자원 개발, 지적 재산권 보호를 위한 제도 정비 등도 중요한 정부의 역할입니다.

이전에는 가계, 기업, 정부 셋을 경제 주체라고 불렀습니다. 그러나 이제는 외국도 엄연한 경제 주체로 봅니다. 외국과의 교류가 점점 더 많아지면서 모든 나라가 서로 영향을 받고 영향을 미치기 때문입니다. 특히 한국처럼 무역 의존도가 높은 나라에서는 외국이 아주 중요한 경제 주체가 됩니다. '외국도 경제 주체이다.' 시험에 자주 나오는 문제이니 이 기회에 익혀 두세요.

무역 의존도
한 나라의 경제에서 수출과 수입을 포함한 무역의 비중을 표시하는 지표입니다.

$$무역 의존도 = \frac{수출+수입}{국민 총생산} \times 100$$

으로 나타냅니다. 우리나라는 자원이 부족하므로 원재료를 수입해서 그것을 상품으로 만들어 다시 수출하기 때문에 무역 의존도가 80% 정도로 높습니다. 자원이 많은 미국 같은 나라는 무역 의존도가 25% 정도입니다.

생산의 3대 요소

고전적인 경제학에서는 토지, 노동, 자본을 생산의 3대 요소라고 불렀습니다. 토지를 빌려 공장을 짓고, 은행에서 돈을 빌려 기계와 같은 생산 설비를 구입하고, 근로자를 고용하여 재화와 용역을 생산하기 때문입니다.

생산의 3대 요소는 산업 사회까지는 맞는 말이었지만, 디지털 시대를 맞아 이 개념도 바뀌어야 한다고 주장하는 학자들이 많습니다. 디지털 시대에는 생산의 요소도 토지, 노동, 자본에서 사람, 아이디어, 지식, 정보, 네트워크, 문화로 바뀌어야 한다는 것이지요. 20세기 후반과 21세기에 등장한 소프트웨어(software)나 네트워크, 문화 등의 상품은 고전적인 의미의 생산의 3대 요소를 거의 갖추고 있지 않지만 천문학적인 부가 가치를 지니고 있습니다. 이제는 사람과 사람의 머리에서 나오는 아이디어가 훨씬 더 중요한 시대라는 의미일 것입니다.

소프트웨어
소프트웨어는 컴퓨터 운영 체제와 같이 눈에 보이지 않는 프로그램을 가리킵니다. 소프트(soft)는 말 그대로 부드럽다는 뜻입니다. 그럼 이와 반대되는 하드웨어(hardware)의 하드(hard)는 딱딱하다는 의미가 되겠지요. 컴퓨터에서 모니터, 본체, 키보드, 마우스, 스피커 등과 같이 무게와 부피가 있고 우리가 만질 수 있는 부품을 하드웨어라 부르고, 컴퓨터를 작동시키는 프로그램을 소프트웨어라고 부릅니다.

기업가의 역할을 강조하다

경제학자들마다 강조하는 분야가 있습니다. 경제학의 할아버지 격인 애덤 스미스는 소비자인 개인의 합리적 역할을 강조했고, 마르크스는 노동자의 역할을 중시했습니다. 케인스 같은 경제학자는 정부의 역할을 강조했고, 하이에크나 프리드먼 같은 신자유주의 학자들은 시장의 역할에 주목했습니다. 이에 비해 나는 기업, 그중에서도 기업가의 역할이 경제 발전의 원동력이라고 주장했습니다.

수요와 공급이 모든 것을 결정한다는 전통적인 경제학에서는, 기업가가 설 자리가 없거나 있어도 아주 좁았습니다. 기업가는 그저 이윤만 추구하는 탐욕스러운 존재로 평가되기 일쑤였던 것입니다. 그런 기업가를 자본주의의 역동성을 대표하는 주역으로 화려하게 등장시킨 것이 바로 나, 슘페터였습니다. 나는 기업가의 창조적 파괴 행위가 바로 자본주의의 역동성이며 경제를 발전시키는 원동력이라고 강조했습니다.

여러분, 자전거를 탈 줄 아나요? 자전거를 타고 넘어지지 않고 달리려면 쉬지 않고 페달을 밟아 줘야 합니다. 한 나라의 경제도 계속해서 발전하려면 자전거 페달을 밟듯이 지속적인 혁신이 필요합니다. 이를 자전거 이론이라고 하지요.

1990년대부터 미국 실리콘 밸리에서는 아이디어 하나만 가지고 기업에 도전하는 젊은 벤처 기업가들이 많았습니다. 물론 실패하는 이들도 많았지만, 여기서 성공한 이들은 아주 짧은 시간에 세계적인 기업으로 성장했습니다. 그것을 보면서 사람들은 기업가 역할의 중요성을 강조했던 나를 떠올렸던 것입니다. 나를 21세기에 가장 영향력이 큰 경제학자일 거라고 생각하는 이유도 기업가의 역할이 점점 더 중요해지고 있다고 보기 때문입

실리콘 밸리
미국 캘리포니아 주 샌프란시스코 남동부 지역의 계곡 일대를 가리키는 말로, 이곳에 실리콘을 재료로 한 반도체를 다루는 유명 벤처 기업들이 모여 세계적인 반도체 생산지를 이루고 있는 데서 생긴 이름입니다. 미국의 많은 벤처 기업들이 이곳에서 탄생했다 하여 벤처 기업의 산실로 불립니다.

니다.

공장에서 물건을 만들던 산업 사회에서는 기술자와 근로자의 비중이 상대적으로 높았습니다. 그러나 산업 기반이 소프트웨어나 지식, 정보 위주로 바뀌면서 아이디어와 도전 정신으로 무장한 기업가의 역할이 점점 더 중요시되고 있는 것입니다. 바로 내가 강조했던 부분이지요.

내 이론을 가장 충실하게 계승한 학자가 피터 드러커였습니다. 앞서의 인터뷰에서 말했듯이, 우리 두 사람은 닮은 점이 아주 많습니다. 같은 오스트리아 출신인 데다 미국으로 건너가서 경제학 교수를 지냈다는 점도 같습니다. 두 사람의 학설도 빼닮은 듯이 흡사하지요.

피터 드러커는 내 이론에서 한 발 더 나아가 기업뿐 아니라 공공 기관, 나아가 개인도 기업가처럼 늘 자신을 혁신해야 한다고 주장했습니다. 미래에 대한 도전을 통해 스스로 미래의 주인공이 되라는 말입니다. 만년의 피터 드러커는 도전과 모험, 혁신보다는 현상 유지에 급급한 요즘의 기업들에 대해 기업가 정신이 시들어 가고 있다고 우려했습니다.

소금의 경제적 가치

월급 받는 사람을 영어로 무엇이라고 부르는지 아시나요? 샐러리맨(salaryman)이라고 부릅니다. 옛날 로마에서는 소금으로 병사들의 봉급을 주었다고 합니다. 소금을 살 수 있게 받은 월급이라는 의미에서 'salarium'이라 불렀고, 이 단어는 봉급을 가리키는 영어 salary의 어원이 되었습니다.

사람은 소금을 먹지 못하면 체액의 균형이 깨져서 물을 마시지 못할 때보다 더 위험하다고 합니다. 우리나라는 삼면이 바다여서 소금이 풍부하고 값도 아주 싸지만, 중국처럼 땅이 넓은 나라나 유럽의 여러 나라들, 아프리카 등의 나라에서는 소금이 아주 귀한 물건이었답니다. 특히 사막을 횡단하는 유목민들에게 소금은 금보다 귀한 물건이었습니다.

그래서 많은 나라에서 민간인들이 소금을 취급할 수 없도록 전매 제도를 시행했습니다. 옛날 중국에서는 국가에서 소금을 독점하여 아주 비싸게 팔아 그 돈으로 전쟁 비용을 마련했다고 합니다. 많은 나라에서 그렇게 했습니다. 프랑스 혁명의 원인도 소금에 대한 정부의 과도한 세금 때문이라는 이야기가 있을 정도입니다. 인도 독립의 아버지 간디도 소금으로 독립 운동을 했다고 합니다. 영국이 소금을 독점하여 높은 세금을 물리자, 간디는 수천 명의 지지자들과 함께 몇 주에 걸쳐 바다로 걸어가 바닷가의 소금을 집어 들면서 독립 투쟁을 호소했다고 하지요.

기업가의 역할과 창조적 파괴

기업이 추구하는 목적은 무엇일까요? 기업은 시장에서 살아남기 위해 끊임없이 경쟁합니다. 경쟁에서 이기기 위해 기업은 무엇을 해야 할까요?

수능과 유명 대학교의 논술 연계

2006년 수능 6월 모의평가(경제) 4번

시장과 자유 경쟁

시장 경제를 지향하는 자본주의 사회에서는 누구라도 자유롭게 경제 활동에 참여할 수 있어야 합니다. 자유로운 경쟁이 보장되지 않는다면 아무리 좋은 아이디어가 있어도 발휘할 기회가 봉쇄되고 말기 때문입니다.

자유 경쟁이 허용되면 소비자들에게도 많은 혜택이 돌아갑니다. 여러분들이 사용하고 있는 학용품이나 운동화도 여러 회사에서 만들고 있지요? 경쟁이 있기 때문에 기업가는 더 나은 기술을 개발하고, 더 좋은 상품을 더 저렴하게 만들기 위해 노력하는 것입니다. 경쟁하는 기업이 많을수록 소비자들은 더 좋은 상품을 더 저렴하게 구입할 수 있습니다.

경쟁이 없으면 어떻게 될까요? 기업가는 새로운 기술

> **교과서에는**
>
> 기업은 이윤을 더 많이 내기 위해 새로운 생산 기술이나 방법을 도입하기도 합니다. 또한 이전에는 존재하지 않았던 원료나 부품을 개발하고, 새로운 시장을 개척하기도 합니다.

을 개발할 필요도 없을 것이고, 상품 디자인을 예쁘게 하려고 노력하지도 않을 거예요. 따라서 경쟁이 없는 사회는 발전하지 못합니다. 사회주의 국가들이 발전하지 못하는 이유를 알겠지요?

마라톤 선수에게 들은 이야기입니다. 마라톤 거리 42.195km를 2시간에 달리는 선수라도 혼자서 뛰게 하면 2시간 30분 걸려도 골인하기가 어렵다고 합니다. 왜 그럴까요? 바로 경쟁이 없기 때문에 스스로 나태해진다는 것입니다. 기업도 강해지기 위해서는 경쟁자나 때로는 천적의 존재도 필요합니다. 경쟁을 하면서도 서로 공존하는 관계를 동종 경쟁이라고 한다면, 천적은 대부분 이종 경쟁자로 먹고 먹히는 관계입니다. 나이키 운동화의 천적은 동종의 기업이 아니라 게임 산업이라고 말합니다. 아이들이 컴퓨터 게임에 빠지는 바람에 나이키의 매출이 줄어들고 있다는 것이지요.

기업의 존재 목적

세상의 많은 직업 중에서 기업가처럼 열심히 일하는 사람도 드물 것입니다. 동네에 있는 구멍가게 주인들을 보세요. 아침 일찍 일어나 가게 문을 열고 밤늦게까지 아주 열심히 일하지 않습니까? 직장인이라면 하루 8시간씩 일하고 토·일요일엔 쉬지만, 기업가는 평일은 물론이고 주말에도 밤늦도록 기업이 당면한 문제들을 고민해야 합니다.

기업가들은 왜 그토록 열심히 일하는 것일까요? 돈을 벌기 위해서입니다. 기업의 존재 목적은 '이윤 추구'에 있습니다. 물론 돈을 많이 벌면 개인적인 성취감도 느낄 것이고 사회적인 존경도 따를 것이지만, 가장 중요한 목적은 돈을 버는 것입니다.

언젠가 어느 학교 시험 문제에서 '기업의 존재 목적이 무엇인가?' 하는 문제가 나왔는데, 많은 학생들이 '사회에 대한 봉사' 혹은 '사회에 대한 기여'라고 대답했다고 합니다. 그것은 틀린 답입니다. 기업의 존재 목적은 오직 이윤 추구에 있습니다.

기업가는 기업을 훌륭하게 키워서 좋은 일자리를 많이 만들어 내는 것만으로도 충분히 국가, 사회에 대해 자신의 역할을 하는 것입니다. 기업에서 생산한 재화와 용역의 합이 바로 국민 소득으로 이어지기 때문입니다. 돈을 많이 번 다음에 교육이나 문화 사업으로 사회에 기부하는 것은 개인의 가치관의 문제일 뿐 기업의 의무는 아닙니다.

이윤의 정체

그럼 기업가가 그토록 추구하는 이윤의 정체는 무엇일까요? 여기서 이윤이 발생하는 과정을 먼저 짚어 보도록 해요. 기업가들이 기업을 운영하는 과정에는 많은 사람들의 참여가 필요합니다. 제조업을 예로 들어 볼까요? 기업가는 지주로부터 토지를 빌려서 공장을 짓고, 은행에서 돈을 빌려 생산 설비(기계)와 원재료를 구입하고, 근로자를 고용하여 재화와 용역을 생산합니다.

그렇게 생산된 상품과 용역을 시장에 팔아서 경제 활동에 참여한 사람들에게 일정한 몫을 분배합니다. 토지를 빌려 준 사람에게는 지대를 지불하고, 돈을 빌려 준 은행에는 이자를 지불하고, 생산 활동에 참여한 근로자들에게는 임금을 지불하지요. 그러고 나서 남은 돈이 기업가 자신의 몫인 '이윤'입니다.

'이윤'의 본질이 무엇이냐 하는 문제를 놓고 아주 오랫동안 많은 학자들이 논쟁을 거듭했답니다. 이윤이란 대체 무엇인가, 이윤은 어떻게 발생하는 것인가 하는 의문이었지요. 역사적으로 이 문제에 대해서는 노동 가치설과 이윤 동태설이 팽팽하게 맞서 왔습니다.

먼저 노동 가치설은, 기업이 생산하는 부가 가치가 재화와 용역을 생산하는 노동자에 의해 창출된다는 주장입니다. 노동 가치설은 애덤 스미스, 리카도 등이 제기했고 카를 마르크스에 이르러 절정에 이르렀습니다. 카를 마르크스는 노동 가치설을 극단으로 해석하여, 기업의 이윤은 모두 노동자들이 창출한 것이기 때문에 이윤을 모두 노동자들에게 돌려주어야 한다며 공산주의를 제창했습니다.

이에 대해 이윤 동태설을 주장한 사람은 나, 슘페터였습니다. 나는 기업의 이윤은 기업가의 창조적 파괴 과정을 통해 발생한다고 주장했지요. 따라서 기업가의 몫으로 돌아가는 이윤은 이런 모험에 대한 대가라는 것입니다.

그럼 기업가는 어떤 모험을 하는 것일까요? 기업가는 새로운 기술을 개발하기 위해 많은 돈을 투자해야 할 것입니다. 그리고 새로운 기계도 설치해야 할 것입니다. 그 과정에서 기업가는 기술 개발에 실패할 수도 있을 것이고, 새로운 제품을 만든다고 해도 예상했던 만큼 팔리지 않을 수도 있을 것입니다. 그때는 자신의 모든 것을 잃을 수도 있는 것이지요. 따라서 혁신에 성공했을 때 돌아오는 몫은 이런 위험 부담에 대한 보상이라는 것이 내 생각이었습니다.

노동 가치설과 이윤 동태설 두 가지를 놓고 볼 때, 제조업 위주의 산업 사회에서는 노동 가치설이 어느 정도 설득력이 있었지만, 소프트웨어와 지식, 정보, 아이디어 등 무형의 상품이 훨씬 높은 부가 가치를 창출하는 지금은 이윤 동태설이 좀 더 설득력을 가지는 것으로 보입니다.

교과서에는

기업이 위험을 감수하고 얻은 이윤은 사회적으로 정당한 대가로 인정되어야 합니다. 이러한 사회적 인정은 기업의 활발한 생산 활동으로 이어져 소비자는 보다 저렴하고 좋은 품질의 제품을 공급받을 수 있습니다.

경제 발전과 동태적 순환

우리에게 필요한 재화와 용역을 생산하고, 생산에 참여한 사람들에게 일정한 몫을 분배하고, 그렇게 분배받은 것을 소비하는 행위가 연속적으로 이어지는 과정을 경제의 순환이라고 부릅니다. 동일한 규모의 순환이 반복되는 것을 정태적 순환이라 부르고, 규모가 점점 더 커지는 것을 동태적 순환이라고 부릅니다.

정태적 시장은 대부분 기술이 평준화되거나 수요가 거의 포화 상태에 이른 경우에 나타납니다. 기술적으로 완전히 평준화된 시장을 가정해 봅시다. 기술이 평준화되었다는 것은 똑같은 상품을 어느 기업에서나 만들 수 있다는 의미입니다. 그렇게 되면 그 시장에 참여하는 기업들은 거의 이윤을 남길 수가 없습니다. 상품을 팔아서 벌어들인 수입은 임금과 지대, 이자로 모두 나가 버리고 기업가에게 돌아가는 몫은 아주 미미하거나 손해를 볼 수도 있다는 말입니다. 그러면 기업은 새로운 투자를 하지 않게 되어 생산-분배-소비가 동일한 수준에서 반복되거나 오히려 순환 규모가 축소될 수도 있겠지요.

이처럼 동일한 규모의 순환이 반복되는 깃을 정태적 순환이라고 부르고, 규모가 오히려 축소되는 것을 불황이라고 부릅니다. 경제가 불황 국면에 접어들면 소비가 줄어들고, 소비가 줄어드니 생산도 줄어들고, 생산이 줄어드니 분배의 몫도 줄어들고, 그래서 다시 소비가 줄어드는 악순환을 되풀이하게 됩니다.

악순환
좋지 않은 결과가 되풀이되면서 일어나는 현상을 말합니다. 후진국은 왜 가난할까요? 자본이 부족하여 투자를 할 수 없고, 투자를 못하니 소득도 낮고, 소득이 낮으니 투자할 자본을 마련하지 못하는 현상이 꼬리를 물고 반복되기 때문입니다. 이것을 미국의 경제학자인 너커시는 빈곤의 악순환이라고 불렀습니다. 악순환의 반대말은 '선순환'입니다.

1990년대 한국의 거의 모든 가정에는 냉장고가 보급되어 있었습니다. 이는 어느 기업도 여기서 냉장고를 팔아서는 이윤이 남지 않는다는 의미입니다. 이때 자동차용 에어컨을 만들던 만도기계라는 기업에서 아무도 생각하지 못했던 새로운 개념의 냉장고를 내놓았습니다. 바로 김치 냉장고였지요. 늘 김치 보관이 고민이었던 한국 가정에서 김치 냉장고는 큰 인기를 끌면서 이 시장에 새로운 활력을 불어넣었습니다.

그러자 엘지, 삼성 등 기존의 가전 회사들도 이 시장에 뛰어들어 투자와 고용이 늘어났고, 수요와 공급이 원활하게 이어지면서 시장이 활기를 띠게 되었지요. 이것이 동태적 순환입니다.

증기 기관이나 전자, 반도체, 디지털 기술의 등장이 산업 전반에 거대한 회오리바람을 불러일으키면서 활력을 불어넣었듯이, 경제는 혁신적 기술과 기업가에 의해 기존 시장이 파괴되고 새로운 시장이 형성되는 동태적 과정을 통해서 발전한다는 게 나의 기본적인 생각이었습니다.

전문가들은 앞으로 바이오 기술, IT 기술, 나노 기술, 친환경 기술, 대체 에너지 기술, 신소재 기술 등이 새로운 창조적 파괴를 선도할 거라고 합니다. 앞으로 이 기술을 주도하는 자가 21세기의 주인공이 될 것입니다. 이 책을 읽는 여러분들이라면 모든 가능성을 다 가지고 있습니다. 여러분이 젊은 시절을 어떻게 보내느냐에 따라서 여러분 자신은 물론이고 나라의 미래가 결정될 것입니다. 이 책을 읽는 여러분이 꼭 그 주인공이 되기를 바랍니다.

동태적 순환의 불연속성

여러분, 개구리의 멀리뛰기를 본 적이 있나요? 개구리는 멀리뛰기를 하기 위해 일단 몸을 움츠립니다. 몸을 많이 움츠릴수록 더 멀리 뛸 수 있는 것입니다. 나는 경제도 마찬가지라고 보았습니다. 개구리가 몸을 움츠리듯이 경제도 새로운 도약을 하기 전에 일단 정체기를 맞이하게 된다는 것이지요. 그것을 불황이라고 부릅니다. 새로운 도약을 위한 준비 기간이라고 볼 수 있겠지요.

이번에는 TV 이야기를 해 볼까요? 흑백 TV에 이어 대부분의 가정에 컬러 TV가 보급되고 나니 시장은 다시 정체에 빠졌습니다. 어느 정도 시간이 지나 디지털 TV 기술에 의해 새로운 창조적 파괴가 일어

나면서 시장은 다시 한 번 활기를 띠게 되지요. 한국이 지금 바로 그 시점에 와 있습니다.

이처럼 흑백 TV-컬러 TV-디지털 TV로 이어지는 과정이 조금씩 지속적으로 일어난 것이 아니라, 개구리가 멀리뛰기를 할 때처럼 일정 기간 정체되었다가 한 번씩 큰 도약이 이루어졌다는 말입니다. 일단 디지털 TV 시장이 균형을 이루면 그 상태를 지속할까요? 아닙니다. 다음에는 스마트 TV에 의해 다시 한 번 파괴될 것입니다. 이것을 동태적 순환의 불연속성이라고 표현합니다. 마치 개구리가 목적지에 도착하기 위해서는 몇 번의 도약을 하는 것과 같은 모습이랍니다.

창조적 파괴란 무엇인가

나는 '기술 혁신을 통해 과거의 지식이나 기술, 투자가 쓸모없게 되는 현상'을 창조적 파괴라고 불렀습니다. 비록 기존의 것을 파괴하기는 하지만 더욱 유용한 것을 창조한다는 의미에서 창조적 파괴라고 부르는 것입니다.

예를 들어 볼까요? 10여 년 전만 해도 도심 어디에서나 공중전화들이 늘어서 있는 모습을 쉽게 볼 수 있었습니다. 그러나 이제 거리에서 공중전화를 찾아보기가 점점 어려워지고 있습니다. 사람마다 휴대 전화를 가지고 있으니 공중전화를 쓸 일이 별로 없기 때문이지요.

한국통신에서는 공중전화 때문에 아주 골치를 앓고 있다는 소식입니다. 수요가 줄었다고 해서 완전히 없앨 수도 없고, 유지하자니 관리 비용이 훨씬 많이 들기 때문입니다. 우체통도 공중전화와 비슷한 운명이랍니다. 교통, 통신 매체가 발달하다 보니 편지를 쓸 일이 줄어들었기 때문이지요.

20세기 후반에 디지털 기술이 등장하자 아날로그 기반의 수많은 상품들이 시장에서 사라지고 있습니다. 대신 디지털 기반의 새로운 상품들이 훨씬 큰 시장을 만들어 가고 있지요. 앞서 이야기한 휴대 전화도 지금 스마트폰에 밀려 아주 빠르게 사라지고 있습니다. 이렇게 모든 것은 창조적 파괴를 통해 한 단계 더 높이 발전합니다.

이러한 현상은 상품뿐만 아니라 기업에서도 마찬가지입니다. 20세기 중반까지만 해도 30, 40년 정도 되던 기업의 평균 수명이 20세기 후반으로 오면서 15년 전후로 짧아지고 있다고 해요. 기술 변화의 속도가 빠르다 보니 변화에 적응하지 못한 기업들이 도태하는 것이지요.

시장은 참 냉혹하지요? 마치 다윈의 진화론을 연상케 합니다. 변하는 환경에서 적응한 자만 살아남고 적응하지 못한 자는 도태된다는 것이 진화론의 핵심이지요. 나는 혁신을 하지 못한 낡은 기업이 도태되는 것을 자연스러운 현상으로 보았습니다.

도태되는 기업들을 한번 살펴볼까요? 불과 10년 전만 해도 세계 최고의 전자 회사는 대부분 일본 기업들이었습니다. 소니, 마쓰시다, 샤프, 산요 등이 그러했지요. 그러나 지금 세계 최고의 전자 회사는 한국의 삼성과 미국의 애플입니다. 삼성전자의 실적이 일본의 9개 전자 회사의 실적을 합친 것보다 많다고 하지요? 이처럼 훌륭한 기업이 많다는 것은 국가의 자랑이기도 합니다.

'사진' 하면 가장 먼저 떠오르는 기업이 코닥이었습니다. 1970년대까지 코닥은 필름 시장의 90%, 카메라 시장의 85%를 차지하고 있었지요. 1980년대에 들어 디지털 카메라가 등장했지만 코닥은 별로 신경 쓰지 않았습니다. 사람들이 인화지에 찍혀 나오는 아날로그

사진을 결코 외면하지 않을 것이라는 믿음 때문이었어요. 그러나 시
장은 빠르게 디지털로 바뀌었고, 아날로그 사진을 고집하던 코닥은
131년의 역사를 뒤로하고 막을 내렸습니다.

　그러나 내막을 들여다보면 역설적이게도 디지털 사진 기술을 가장
먼저 개발한 것이 코닥이었습니다. 그 기술을 가지고도 머뭇거리다가,
추격해 오는 후발 기업 캐논 등에 밀려 사라지고 만 것이지요. 몰락하
는 기업들은 코닥의 경우처럼 기득권에 집착하는 경우가 많습니다.

　코닥이 머뭇거린 이유는 무엇이었을까요? 바로 필름에 대한 집착
때문이었습니다. 세계 필름 시장의 90%를 장악하고 있는 코닥으로
서는 필름에서 들어오는 엄청난 수익에 미련이 남아 디지털 카메라

시장에 본격적으로 뛰어들지 못했던 것입니다. 이제 코닥 본사가 있던 자리는 중고생들의 견학 코스가 되었습니다.

IT 분야의 기업들을 볼까요? 불과 10여 년 전만 해도 세계 최고의 IT 기업은 야후였습니다. 그러던 것이 구글로 바뀌었다가, 이제는 다시 페이스북에 밀리고 있습니다. 여러분이 잘 아는 만화 영화의 왕국 디즈니도 이제는 3차원 그래픽을 제공하는 드림웍스에 밀리고 있습니다.

일단 혁신에 성공한 기업은 독점적인 지위로 인해 초과 이윤을 얻을 수 있습니다. 초과 이윤이란 특정 기업의 생산 조건이 업계의 평균적인 조건보다 유리해서 생긴 추가적 이익을 가리키는 말입니다. 경제는 하나의 균형 상태에서 또 다른 균형 상태로 끊임없이 움직이면서 발전하는 것으로 보입니다. 그것이 자본주의의 역동성입니다.

기업가는 왜 창조적 파괴를 할까요?

요즘 어린아이들이 신고 다니는 운동화를 유심히 본 적이 있나요? 운동화에 아이들이 좋아하는 만화 캐릭터가 그려져 있고, 걸음을 옮길 때마다 새소리, 동물 소리가 나거나 빛이 나지요. 기업가들은 왜 그렇게 만들기 어려운 운동화를 만들까요?

모든 기업이 똑같은 기술로 똑같은 운동화를 만든다면 비싼 가격을 받을 수 없지만, 다른 기업에서 만들지 않는 특이한 운동화를 만들면 더 비싼 값을 받을 수 있기 때문입니다. 그래서 기업은 다른 기업에서 만들지 못하는 새로운 상품, 혁신적인 상품을 만들려고 노력하는 것입니다. 나는 기업가들이 혁신에 집착하는 이유를 세 가지로 설명하고 있습니다.

첫째는 '사적인 욕망'입니다. 경제학은 모든 학문 중에서 인간의 욕망을 가장 긍정적인 것으로 보는 유일한 학문입니다. 개인이 돈을 벌기 위해 열심히 일하면 그 결과로 나라 전체의 경제가 발전한다는 논리이지요. 경제학의 할아버지 애덤 스미스는 이렇게 적고 있습니다. "우리가 맛있게 저녁 식사를 할 수 있는 것은 푸줏간 주인, 양조장 주인, 제빵업자의 은혜 때문이 아니라 돈을 벌려는 그들의 이기심 때문이다."

둘째는 '성공 자체에 대한 갈망'입니다. 인간은 누구나 다른 사람들로부터 인정받기를 원하지요. 기업이 성공하면 많은 사람들로부터 존경을 받을 수 있기 때문에 그 성공을 위해 기업가들이 그렇게 열심히 일하는 것입니다.

마지막으로 '창조의 기쁨'도 빼놓을 수 없지요. 아무도 하지 않은 일을 성공적으로 이룩해 새로운 것을 만들어 내는 창조의 기쁨도 큰 요인이 됩니다.

창조적 파괴자가 갖추어야 할 조건

자본주의 사회는 변화와 혁신을 통해 발전합니다. 1942년에 출간한 저서 『자본주의, 사회주의, 민주주의』에서 나는 "기업의 발전은 쉴 새 없이 내부로부터 경제 구조의 혁명을 일으키고, 오래된 것을 부수며, 끊임없이 새로운 것을 만들어 낸다"고 했습니다. 그리고 "이러한 창조적 파괴의 과정은 자본주의의 본질적 요소이고, 이것이 바로 모든 자본가가 주목해야 할 자본주의의 핵심"이라고 강조했지요. 혁신적 기업가는 '창의적 아이디어를 활용하여 새로운 가치를 만들어 기존 시스템에 변화를 가져오는 사람'이라는 게 내 생각이에요.

창조적 파괴자가 갖추어야 할 조건으로는 다음 세 가지를 들 수 있습니다.

첫째, '열린 자세'예요. 열린 자세, 열린 조직이 아이디어 창출에 훨씬 더 유리합니다. 닫힌 조직, 명령 하나로 모든 것이 진행되는 나라에서는 아이디어가 나올 수 없어요. 폐쇄된 조직에서는 오직 효율성만 추구하게 되지요. 미국이나 고대 로마가 그처럼 번성할 수 있었던 것도, 이 나라들이 이민족과 다른 문화, 종교에 대해 개방적이었기 때문입니다.

둘째, 아이디어를 실천할 수 있는 '도전과 용기'가 필요합니다. 도전과 용기가 없이는 아무것도 일어나지 않습니다. 도전 과정에서 필연적으로 실패와 맞닥뜨리게 될 것입니다. 큰 성공을 거둔 사람들 중 한 번도 실패하지 않은 사람은 거의 없습니다. 자동차 왕 헨리 포드나 빌 게이츠, 스티브 잡스 등이 탄탄대로만 걸은 게 절대로 아니라는 사실을 기억해 주기 바랍니다. 지금 혁신의 아이콘으로 불리는 스티브 잡스도 무려 일곱 번이나 크고 작은 실패를 경험했습니다. 다만 그 실패를 더 큰 도전으로 딛고 일어섰던 것이지요.

마지막으로, '실패에서 지혜를 배우라'는 것입니다. 성공학을 연구하는 사람들에 의하면 성공 확률 10%인 일에 처음 도전한 사람은 거의 실패한다고 합니다. 그러나 횟수가 거듭될수록 성공

아이콘
컴퓨터에 주는 명령을 문자나 기호, 그림 따위로 화면에 표시한 것으로, 사람인 경우에는 '우상시되는 인물'을 뜻합니다. 성당에 있는 성모상도 일종의 아이콘입니다.

확률이 점점 더 높아지더랍니다. 이른바 실패에서 얻은 지혜 때문이지요.

실패를 딛고 일어서기 위해서는 열정과 신념도 중요하지만 실패를 용인해 주는 사회적 분위기도 필요합니다. 벤처 기업의 산실인 미국 실리콘 밸리에는 실패를 용인해 주고 다시 일어설 수 있는 풍토가 조성되어 있습니다. 이것이 20세기 후반에 수많은 벤처 기업가들을 탄생시킨 환경이었습니다.

그러나 한국 사회는 아직도 실패에 대해 별로 너그럽지 못합니다. 실패를 용인해 주지 않으면 실패에서 얻은 교훈은 사장되고 맙니다. 한국도 이것을 고쳐야 훌륭한 기업가가 많이 나올 수 있을 것입니다.

> **사장**
> 사물 따위가 필요한 곳에 활용되지 않고 썩는 것을 말합니다.

역사 속 세 번의 큰 창조적 파괴

경제란 사람들이 먹고사는 것과 관련된 문제입니다. 인류의 조상으로 알려진 호모 사피엔스가 처음 지구에 등장한 것은 대략 10만 년 전입니다. 인류는 10만 년 중에서 9만 년 이상을 원시 수렵 생활을 하면서 살았습니다. 산이나 들에서 과일을 따고 물고기를 잡고 동물을 사냥해서 먹고살았지요. 그것이 가장 오래된 경제 행위로, 수렵·채집 경제라고 부릅니다.

> **교과서에는**
> 사회 내에서 필요한 상품을 자체적으로 생산하거나 소비하는 사회를 자급자족 경제라고 합니다. 수렵과 채집은 자급자족의 기본 행위라고 볼 수 있습니다.

그 후 인류는 세 번의 큰 혁명을 겪으면서 지금과 같이 발전했습니다. 그 세 번의 혁명은 농업 혁명, 산업 혁명 그리고 지금 막 우리가 맞이하고 있는 디지털 혁명입니다. 혁명은 혁신보다 훨씬 큰 규모의 변화, 근본적인 변화를 가리키는 말입니다.

농업 혁명

수렵·채집 경제에서 농업으로의 전환은 아주 큰 사건이었습니다. 농사를 짓기 시작하면서 인류는 안정적으로 식량을 확보할 수 있게 되었으며 비로소 인간다운 삶이 시작되었습니다. 또 농사를 짓기 위해 기후가 따뜻하고 물이 풍부한 강변으로 사람들이 모여들면서 촌락을 이루었고, 이 촌락이 커지면서 원시 공동체가 생겨났습니다. 이것이 고대 문명을 태동시킨 요인이었습니다.

산업 혁명

그러다가 300년 전인 18세기에 산업 혁명을 맞게 되지요.

농업 혁명으로 먹는 문제는 어느 정도 해결되었지만 일상생활에 필요한 물건들은 여전히 수공업에 의존할 수밖에 없었습니다. 옷감도 베틀을 이용해 사람의 손으로 일일이 짜야 했습니다. 여러 개의 날실 사이로 씨실 꾸리가 든 북을 좌우로 움직여서 베를 짜는 도구가 베틀입니다. 한국에서도 1960년대까지 할머니, 어머니들이 베틀에 앉아서 일일이 손으로 베를 짜야 했습니다. 여러분은 할머니들이 베를 짜는 모습을 본 일이 있나요? 이제 베틀은 박물관에 가야 볼 수 있는 유물이 되었습니다.

1730년에 영국인 존 케이라는 사람이 날아다니는 **북**을 발명하였습니다. 씨실이 담긴 북을 날실 사이로 자동으로 움직이게 하는 장치였지요. 이것으로 베 짜는 일이 한결 편리해졌습니다. 곧이어 영국의 제임스 와트가 발명한 증기 기관이 면방직 산업을 포함하여 다른 공업 분야로 확대되자 공업 생산력이 비약적으로 발전하게 되었습니다. 이것이 스티븐슨에 의해 증기 기관차로 이어지게 되면서 산업 혁명이 본격적인 궤도에 올랐습니다.

북
베틀에서 날실의 틈으로 왔다 갔다 하면서 씨실을 푸는 기구로 베를 짜는 데 중요한 역할을 하며, 배 모양으로 생겼습니다.

산업 혁명은 곧 기계화라고 부를 수 있을 것입니다. 생산 수단의 기계화는 불과 300년 만에 우리의 삶을 완전히 바꾸어 놓았습니다. 구체적으로 한국의 예를 볼까요? 1960년대까지만 해도 인구의 70%가 농사를 지었습니다. 그래도 쌀이 부족했지요. 그러나 지금은 전체 인구의 5%가 농사를 지어도 쌀이 남아도는 실정입니다. 바로 산업 혁명 결과 농업이 기계화되었기 때문입니다.

디지털 혁명

20세기 후반에 인류는 디지털 혁명을 맞이하게 되었습니다. 디지털 혁명이 시작된 것이 불과 30여 년 전의 일이지만 그사이에 아주 많은 것들이 바뀌었습니다. 무수히 많은 아날로그 기반 제품들이 사라졌거나 사라지고 있으며, 그 자리를 디지털 제품이 메우고 있습니다. 우리가 사용하고 있는 인터넷, 스마트폰이 모두 디지털 기술을 기반으로 하고 있습니다.

이처럼 혁명을 맞을 때마다 기존의 질서는 여지없이 파괴되지만, 새로운 질서가 주도하는 새로운 세상이 열립니다. 디지털 기반 통신 수단 덕분에 정보와 지식의 전달 속도가 빛의 속도로 바뀌었습니다.

인류의 삶을 바꾼 3대 발명품

인류의 3대 발명품은 무엇일까요?

첫 번째가 불을 일으키고 보관하는 기술이라고 합니다. 불을 갖기 전에 인류는 그야말로 원시인에 불과했을 것입니다. 불을 일으키고 보관하는 방법을 알게 되면서 인류의 생활은 획기적으로 바뀌게 됩니다. 불을 가짐으로써 추위를 이길 수 있었고, 맹수를 물리칠 수 있었으며, 사냥한 짐승의 고기를 익혀 먹고, 청동을 녹여 도구와 무기를 만들 수 있었습니다.

다음은 수레입니다. 수레를 발명함으로써 인류는 처음으로 자연의 힘을 이용할 줄 알게 되었습니다. 비로소 고대 문명의 첫발을 디딜 수 있었던 것입니다. 인류 문명의 시작은 불과 수레에서 시작되었다고 보면 맞을 것입니다.

세 번째는 학자들마다 의견이 다릅니다. 종이와 인쇄술이라고 말하는 학자도 있고, 나침반이나 화약이라고 말하는 학자도 있습니다. 그러나 경제학자들은 모두 '화폐'를 인류의 3대 발명품으로 꼽고 있답니다. 화폐는 교환의 수단이지요. 화폐의 등장으로 인류는 많은 혜택을 누릴 수 있게 되었답니다. 화폐가 등장함으로써 비로소 교환 경제, 시장 경제가 활성화되기 시작했고, 이것이 오늘날의 자본주의 탄생을 가능하게 했습니다.

교환과 윈-윈 게임

화폐를 매개로 하는 교환은 교환 당사자 모두에게 이익이 되는 상생 게임입니다. 이것을 영어로 윈-윈 게임(win-win game)이라고 합니다. 모두가 승리자라는 의미이지요. 윈-윈 게임이 모두에게 이익이 되는 이치를 짚어 보겠습니다.

농사를 짓는 사람이 있다고 가정해 봐요. 사람이 밥만 먹고 살 수는 없습니다. 바다에서 나는 생선을 먹고 싶다면 어떻게 해야 할까요? 멀리 바다까지 나가서 서툰 솜씨로 생선을 잡아야만 먹을 수 있겠지요.

하지만 농부가 생산한 곡물의 일부와 바닷가 사람들이 잡은 생선의 일부를 서로 교환하면 서로 이익이 되는 만족스러운 거래가 되겠지요. 그래서 자유 의사에 의한 교환을 상생 게임이라고 부르는 것입니다.

교환과 상반되는 개념이 무엇일까요? 바로 약탈입니다. 교환이 생겨나기 전에는 필요한 것을 얻으려면 약탈에 의존하는 수밖에 없었습니다. 이것이 바로 약육강식의 원시 사회였지요. 지금도 동물의 세계는 그래요. 교환이 없는 동물의 세계는 그래서 1만 년 전이나 지금이나 같은 생활을 반복하고 있는 것이랍니다. 교환이 위대한 이유를 알겠지요?

배추는 2,000원!
이 배추로 맛있게
담은 김치는 5,000원!

엄마, 똑같은 배추인데 김치는 왜 3,000원이 더 비싸요?

아주머니가 배추를 소금에 절이고, 고춧가루와 갖은 양념을 넣어서 새롭게 김치라는 생산물을 만들어 낸 거잖니.

오~ 멋진 설명이에요. 그게 바로 부가 가치라는 거지요.

원재료에 부가 가치를 더해서 원래 가격보다 더 비싸게 팔아서 돈을 버는 거지요. 이것이 기업으로 치면 수익이 되는 거예요.

수익이 생기면 기업은 그것으로 뭘 하는 거지요?

임금을 주고, 제품을 만들기 위한 재료를 구매하지요. 창조적 파괴를 위해 연구 비용으로 사용하기도 합니다. 그리고 남는 것이 기업의 이윤이 됩니다.

창조적 파괴요?

옛것을 파괴하고 더욱 유용한 새로운 것을 창조한다는 의미로 창조적 파괴라고 합니다.

창조적 파괴에 의해 사회를 흔들 만한 커다란 변화가 일어나면 이것을 혁신이라고 하지요.

그럼 우리가 아는 산업 혁명이나 디지털 혁명 같은 것도 창조적 파괴에 의한 혁신인 것인가요?

아주 잘 맞혔어요! 다음 장에서 혁신에 대해 더 자세히 알아봅시다.

혁　신

혁신이란 단순한 변화를 넘어 기존의 것을 무력화시키는 큰 변화를 말합니다. 경제에서 말하는 혁신도 같은 의미일까요?

수능과 유명 대학교의 논술 연계

2007년 수능(경제) 1번

2007년 수능 9월 모의평가(경제) 2번

2006년 수능 6월 모의평가(경제) 10번

변화의 빅뱅, 혁신

혁신의 의미

창조적 파괴는 혁신에 의해 일어납니다. 혁신이란 단순한 변화를 넘어 큰 변화, 질적인 변화를 의미합니다. 반도체가 등장하면서 기존의 진공관 기술이 무력화된 것, 이런 정도의 변화를 혁신이라고 합니다.

여러분, 초창기에 진공관으로 만든 컴퓨터의 크기가 어느 정도였을지 한번 상상해 보세요. 1946년 IBM에서 처음 개발한 진공관 컴퓨터의 이름이 에니악이었습니다. 에니악에는 요즘의 전구처럼 생긴 진공관이 1만 8,000개이고, 무게 28톤, 길이 25m, 높이 2.5m, 폭 1m나 되는 엄청난 크기로, 웬만한 건물 하나에 가득 찰 정도였습니다.

그러던 것이 트랜지스터와 반도체로 기술 혁신이 일

> **트랜지스터**
> 규소, 게르마늄 따위의 반도체를 이용해 전기 신호를 증폭하여 발진시키는 반도체 소자를 뜻합니다.

어나면서 책상 위에 놓을 수 있는 PC로 진화했고, 반도체 용량이 빠르게 증가하면서 노트북을 거쳐 이제는 손바닥 위에서 다룰 수 있을 만한 크기로 혁신을 거듭해 왔지요.

증기를 내뿜으면서 달리는 기차를 본 적이 있나요? 초창기 기차를 움직이던 것은 증기 기관이었지만, 디젤 기관차가 등장한 뒤 증기 기관차는 이제 추억의 열차가 되어 버렸습니다. 디젤 기관차도 빠르게 사라지고 있답니다. 고속 철도에 이어 자기 부상 열차가 등장할 차례입니다.

이러한 혁신은 기술이나 상품에만 국한되는 것이 아니고 기업 경영 전반에 걸쳐 어느 부분에서도 일어날 수 있습니다. 포드 자동차는 어셈블리 라인이라는 일관 생산 체제를 확립하여 혁신을 이루었고, 컴퓨터 판매 회사 델은 고객이 요구하는 기능만 장착하여 조립해 주는 방식으로 혁신을 이룩한 사례입니다. 또 지금은 보편적인 현상이 되었지만 인터넷을 통해 처음으로 책을 팔기 시작한 '아마존'도 획기적인 유통 혁신을 이룬 경우입니다.

기술적 진보만 혁신이 아니라, 도태된 기술을 가지고 새로운 용도, 새로운 가치를 창출하는 것도 혁신입니다. 섬진강변에 가면 증기를 내뿜으면서 달리는 추억의 증기 기관차가 운행되고 있습니다. 기술적으로만 보면 분명 도태된 기술이지요. 그러나 발상을 전환하여 이것으로 추억의 상품을 만들어 낸 것입니다. 어른들은 옛 추억을 생각하면서, 아이들은 호기심에서 그 열차를 타고 아름다운 섬진강변을 달린답니다. 그 기차를 한 번 타 보려면, 인터넷 예약을 하지 않을 경우 몇 시간씩 기다려야 할 정도랍니다. 일본의 게임 회사들은 일반 산업계에서는 사용하지 않는 철 지난 구식 반도체를 가지고 게임기를 만든다고 합니다. 새로운 용도, 새로운 가치를 창출하는 것이지요.

혁신의 본질

혁신이라고 하면 거창한 기술이나 발명을 생각하는 사람들이 아주 많습니다. 물론 새로운 기술에 의한 발명품은 혁신적 상품임이 틀림없습니다. 에디슨이 발명한 축음기, 백열전등, 영사기 등이 그러합니다. 그러나 과학적으로는 새로운 것을 발명하는 것이 중요하겠지만, 상품으로서는 발명품이 꼭 훌륭한 상품이 되는 것은 아닙니다.

예를 들어 볼까요? 20세기의 중요한 제품은 거의 대부분 미국에서 발명 혹은 개발되었습니다. 라디오, TV, 각종 전자 제품, 반도체, 무선통신, 인터넷 등이 그러하지요. 그러나 돈을 번 곳은 어느 나라였을까요? 대부분 일본 기업들이었습니다. 미국에서 개발된 제품을 혁신을 통해 더 작게, 더 편리하게, 좀 더 앙증맞은 디자인으로 다듬어서 세계 시장을 석권한 겁니다. 역시 미국에서 처음 발명했던 전자레인지는 크기가 냉장고만 했습니다. 이것을 지금의 크기로 혁신한 것이 일본 기업이었어요.

> **석권**
> 돗자리를 만다는 뜻으로, 빠른 기세로 영토를 휩쓸거나 세력 범위를 넓힘을 이르는 말입니다.

이 책의 다른 장에서 소개한 소니의 워크맨을 봅시다. 그것은 전혀 새로운 기술이 아니라, 미국에서 개발한 라디오, 카세트, 헤드폰 기술을 작고 편리하게, 앙증맞게 재구성한 것에 불과했습니다. 그럼 지금 TV를 가장 잘 만들고 많이 파는 곳은 어느 기업일까요? 바로 한국의 삼성전자, 엘지전자입니다. 역시 혁신을 통해 기존의 시장을 파괴한 것이지요. 상품은 기술보다는 혁신이 좀 더 중요하다는 의미입니다.

혁신의 귀재로 불리는 스티브 잡스의 사례를 볼까요? 우리가 PC의 원조라고 알고 있는 애플 컴퓨터도 사실은 이미 시장에 나와 있던 Altair 8800이라는 제품에 상상력을 더하여 혁신한 것입니다. 애플의 아이폰 역시 혁신이었습니다. 애플의 아이폰이 나오기 훨씬 전에 모토로라, 노키아 등의 기업들이 휴대 전화 시장을 선점하고 있었고 미국, 일본, 한국의 기업들도 다수 참여하고 있는 상황이었습니다. 이런 시장에 애플이 뒤늦게 뛰어들어 스마트폰 시대를 연 것입니다.

스마트폰이 무엇입니까? 기존의 휴대 전화에다 인터넷 개념을 접목시킨 것에 불과합니다. 스티브 잡스는 말합니다. 기존의 기업들은 과거의 경험을 '답습'했지만 자신은 과거의 경험과 통찰을 통해 '새로운 가치를 창조'했다고요. 혁신은 곧 새로운 창조라는 의미일 것입니다.

답습
과거에 해 오던 방식이나 수법을 좇아 그대로 행하는 것을 뜻합니다.

한국이 TV, 반도체, 휴대 전화 등에서 세계 1위권을 달리고 있지만, 이 중 한국이 개발한 원천 기술은 하나도 없고 모두 미국에서 개발한 것들입니다. 더구나 기업가는 과학자도 아니고 기술자도 아닙니다. 아무나 발명을 할 수는 없다는 것입니다. 기존 제품에 인문학적인 상상력을 더하는 것, 이것이 혁신의 첫걸음입니다.

혁신의 중요성

앞서 발명 이야기를 했습니다만, 일단 새로운 기술이 하나 발명되면 약간의 시간을 두고 빠르게 진화합니다. 그리하여 처음 기술을 발명한 사람보다는 그것을 응용한 사람이 더 성과를 거두는 경우가 많습니다. 에디슨의 축음기가 어떤 혁신 과정을 거쳐 왔는지 살펴볼까요? 축음기는 카세트테이프, 워크맨, CD 단계를 거쳐 아이팟과 같은 디지털 기반의 MP3로 변신했습니다. 축음기를 처음 만들었던 에디슨 회사는 더 이상 축음기는 만들지도 않습니다. 대신 그 기술을 응용하여 워크맨을 만들었던 일본의 소니나 디지털 MP3의 애플이 훨씬 더 큰 성공을 거두고 있지요.

1979년에 워크맨이 세상에 나오자 세계의 젊은이들이 열광했습니다. 워크맨은 하나의 문화적 현상으로까지 이어졌습니다. 워크맨을 허리춤에 차고 헤드폰을 낀 채 조깅하는 주인공의 모습은 수많은 영화에 단골로 나오는 장면이었습니다. 워크맨에 젊은이들이 열광하자, 한국 정부에서는 이를 수입 금지 품목에 넣은 적도 있었습니다.

워크맨은 전 세계적으로 2억 대 이상 팔린 20세기 후반의 최고 히트 상품이었지만, 이제는 아이팟과 같은 디지털 기반의 MP3에 밀려 역사 속으로 사라졌습니다. 일본 소니에서도 공식적으로 워크맨 생산을 중단한 상태입니다. 워크맨은 역사 속으로 사라지고 있지만 카세트테이프는 고속 도로 휴게소 같은 곳에서 철 지난 유행가를 틀어 주면서 겨우 명맥을 이어 가고 있답니다. 어떤 분야라도 시간이 지나면 후발 주자의 혁신에 의해 파괴되어 새로운 시장을 형성하게 되지요. 혁신의 중요성입니다.

혁신의 고통

혁신이 얼마나 어려운 일인지 생각해 본 적이 있나요? 혁신의 혁(革) 자는 가죽을 의미합니다. 살가죽을 벗겨 내는 정도의 아픔이 따른다는 의미이지요. 학자들은 혁신의 어려움을 솔개의 거듭나기에 비유하고 있습니다.

솔개는 새 중에서 가장 오래 사는 것으로 알려져 있습니다. 많게는 70년까지 살 수 있다고 합니다. 그러나 보통 40년이 지나면 발톱이 뭉텅해지고 날개에 기름이 끼어 더 이상 사냥을 할 수가 없게 됩니다. 그러면 먹지 못해서 기력이 점점 더 쇠약해집니다. 솔개는 여기서 선택을 해야 합니다. 그대로 죽든가 아니면 뼈를 깎는 혁신으로 거듭나든가, 둘 중 하나를 선택해야 하지요.

솔개의 거듭나기는 참으로 힘든 과정입니다. 뭉텅해진 자신의 부리를 바위에 갈아서 아예 뽑아 버립니다. 부리가 뽑힌 뒤 일정한 시간이 지나면 새 부리가 돋아납니다. 그러나 그것으로 끝난 것이 아닙니다. 이번에는 기름기가 끼어 날지 못하는 자신의 날개를 새로 돋아난 부리로 뽑아 버립니다. 그런 후 일정한 시간이 지나면 날개가 다시 돋아납니다. 이 과정을 거쳐야 비로소 30년을 더 살 수 있다는 것입니다. 이것이 솔개의 거듭나기입니다. 사람이나 기업도 성공에 안주하다 보면 솔개처럼 되어 버립니다. 여기서 살아남기 위해서는 어렵고 힘든 과정을 거쳐야 한다는 의미일 것입니다.

혁신은 늘 새로운 주인을 기다린다

혁신을 이룩한 기업이라고 해서 영원히 선두를 지키지는 못합니다. 정상을 지키던 기업 역시 혁신에 성공한 후발 기업에 정상의 자리를 내주고 역사 속으로 사라지고 맙니다. 기술이나 상품도 살아 있는 생명체처럼 태어나고 성장하고 쇠퇴의 과정을 거치는 생명 주기를 가지고 있습니다.

새로운 기술이 처음 나타나는 시기를 도입기라고 부릅니다. 도입기에는 성장 속도가 아주 느립니다. 그러다가 본격적인 성장기에 돌입하면 성장 속도가 빨라지면서 가파른 곡선을 그립니다. 그러다가 정상이 가까워지면 성장 속도가 떨어지면서 성숙기를 맞습니다. 그리고는 서서히 쇠퇴기로 접어듭니다.

가로축에 시간, 세로축에 성장률을 표시하면, 이 생명 주기 곡선은 알파벳 대문자 'S'를 옆으로 비스듬히 누인 모습으로 나타납니다. 그래서 S곡선이라고 부르기도 합니다.

흑백 TV가 나타나 S곡선을 그리며 성숙기에 이르면, 컬러 TV가

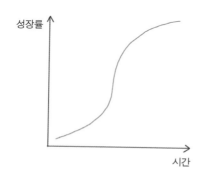

나타나 새로운 S 곡선을 그립니다. 다시 디지털 TV가 나타나고, 이제 스마트 TV가 새로운 생명 주기를 시작할 차례입니다. S 곡선이 수평으로 불연속적 형태로 나타나는 모습입니다.

이러한 성장 곡선은 기업의 경우에도 마찬가지입니다. 선발 기업은 혁신을 이룩한 후발 기업에 밀려 조용히 사라지는 것입니다. 초창기 흑백 TV와 컬러 TV 기술을 확보한 기업은 미국의 RCA라는 회사였습니다. 그러나 1970년대가 되자 RCA는 TV 기술을 혁신한 일본 전자 회사들에 의해 사양길로 접어들었습니다. 그 후 일본은 30년 동안 세계의 안방 극장을 석권했습니다.

그러면 지금 세계 시장에서 TV를 가장 많이 파는 기업은 어느 나라 기업일까요? 아직도 일본 기업들일까요? 아닙니다. 지금 세계에서 TV를 가장 잘 만들고 가장 많이 파는 기업은 바로 한국의 삼성전자와 엘지전자입니다.

왜 그렇게 되었을까요? 승자는 그 자리에 안주하려는 속성이 있습니다. 미국의 RCA가 자만하는 사이에 어깨너머로 기술을 배웠던 일본이 기술 혁신에 성공했고, 다시 일본이 자만하는 사이에 한국 기업들이 혁신에 성공한 것입니다. 이제 한국의 삼성전자는 일본 9개 전자 회사들의 실적을 합친 것보다 더 높은 실적을 올리고 있습니다.

그럼 초창기에 흑백 TV, 컬러 TV 시대를 화려하게 장식했던 미국의 RCA라는 회사는 어떻게 되었을까요? 지금은 회사 이름마저 사라져 TV 역사에서나 몇 번 언급되는 기업이 되고 말았습니다. 이것이 기업의 운명입니다.

지금 세계의 TV 시장을 석권한 한국 기업들은 이제 안심할 수 있을까요? 천만의 말씀입니다. 앞으로 싸움의 관건은 스마트 TV를 누가 주도하느냐 하는 것입니다. 기업은 한시라도 혁신을 게을리하면 도태되고 맙니다. 혁신에 혁신을 거듭해야만 왕좌를 지킬 수 있는 것입니다.

시장은 정글이다

휴대 전화라는 개념을 처음 만든 기업은 미국의 모토로라였습니다. 모토로라에서 내놓은 휴대 전화 '택 8000'은 당시로서는 환상적인 제품이었습니다. 그러나 이 제품의 지나친 성공이 화를 불렀습니다. '택 8000'에 집착한 나머지 후발 기업 노키아의 추격을 방심하다가 노키아에 선두 자리를 빼앗겼습니다. 노키아가 휴대 전화 시장 세계 정상에 오른 것은 1998년으로, 이로부터 15년 가까이 정상의 자리에 머물렀지요. 정상에 오르고 나면 더 이상 추격할 대상이 없어지기 때문에 나태해지기 마련입니다. 그래서 정상에 오르는 것보다 정상에 머무르기가 더 어렵다고 하지요.

노키아의 추락에는 여러 가지 이유가 있겠지만, 성공에 안주하다가 변화의 흐름을 읽지 못한 것이 가장 큰 요인으로 보입니다. 또 일단 성공을 하면 정상의 자리를 지키기 위해 관리 위주의 경영을 하게 되기 쉽습니다. 노키아는 스마트폰의 개념을 가장 먼저 예측하고도

수익성이 좋은 피처폰(일반 폰)에 매달리다가 상품화에 뒤처졌던 것이 실패의 원인으로 보입니다.

한국에 처음 등장한 휴대 전화는 모토로라 제품이었습니다. 1988년에 삼성전자에서도 아날로그 휴대 전화를 냈지만 시장에서의 지위는 미미한 것이었습니다. 그러다가 1994년에 애니콜 브랜드를 시장에 내면서 추격의 발판을 마련하여 1995년에 마침내 국내 시장에서 모토로라를 넘어서게 되었고, 2003년에는 북미 시장에서 2위로 올라섰다가, 2008년에 마침내 북미 시장에서도 1위에 올랐습니다.

휴대 전화 시장이 이처럼 빠르게 성장하자 애플도 마침내 이 시장에 뛰어들었습니다. 2007년의 일이었습니다. 애플은 지금까지 없던 스마트폰이라는 새로운 개념의 휴대 전화로 단시간 내에 이 시장을 석권해 버렸습니다. 삼성전자는 그동안 축적했던 기술로 스마트폰 시장을 뒤따랐지만, 모토로라, 노키아 등 스마트폰 기술을 축적하지 못한 기존의 강자들은 추락에 추락을 거듭하고 있습니다. 이제 이 시장은 당분간 삼성전자와 애플 두 회사가 정상의 자리를 놓고 싸울 것으로 보입니다.

처음 휴대 전화을 내놓았던 모토로라는 구글에 인수되어 기업 간판도 내리고 말았습니다. 구글은 모토로라를 인수하여 모토로라가 축적해 놓은 기술력으로 휴대 전화 시장 참여를 준비하고 있습니다. 이제 애플, 삼성, 그리고 이 시장에 뛰어들 구글이 치열한 3파전을 벌일 것으로 전망됩니다. 시장은 늘 먹고 먹히는 싸움이 그치지 않는 정글과도 같음을 잊지 말아야 합니다.

창조적 파괴의 접근 방법

창조적 파괴를 이루기 위해서 우리는 어떻게 해야 할까
요? 누구나 혁신가가 될 수 있을까요? 창조적 파괴를 위
해, 혁신을 위해 가져야 할 자세와 노력에 대해 자세히
살펴봅시다.

수능과 유명 대학교의 논술 연계

중앙대 2010년 모의 논술 문제(인문계)

연세대 2009년 정시 논술 문제(인문계)

창의력의 본질

사전에 보면 창의력이란 '새로운 것을 생각해 내는 능력과 힘'이라고 풀이되어 있습니다. 그 새로운 것이 바로 아무도 하지 않은 것입니다. 기업가라면 새로운 기술로 아무도 만들지 않은 새로운 것을 만들어 내어 새로운 가치를 부여하는 것이 창의력입니다.

이질적 요소의 결합

창의력의 첫 번째는 이질적 요소들의 결합입니다. 서로 다른 생각을 가진 사람과 문화가 융합되면서 새로운 것이 나타난다는 이야기입니다. 여러분, 생물 시간에 동종 교배 퇴화의 법칙을 배웠나요? 동물이든 식물이든 유사한 유전 인자끼리의 결합은 퇴화를 가져온다는 내용입니다. 반대로, 서로 다른 유전 인자끼리 결합하는 이종 교배에

혁신은 다양한 결합으로 새로운 가치를 만들어 내는 것도 포함합니다.

혁신의 시작은 결합

서는 부모 세대에 비해 우수한 유전 인자가 탄생한다고 합니다. 유대인들이 우수한 건 2000년 동안 세계 곳곳을 떠돌면서 이질적인 피가 섞였기 때문이라고 주장하는 학자도 있습니다. 이민의 나라였던 미국도 그러한 사례에 속할 것입니다. 학문에서는 인문학과 과학의 결합이나 예술과 과학의 결합 등이 이종 교배에 속하겠지요. 21세기에는 기술만 가지고 훌륭한 상품을 만드는 것이 아니라, 다양한 요소들을 융합해 새로운 가치를 창출할 수 있어야 한다는 의미로 받아들여집니다.

고정 관념의 타파

창의력의 두 번째는 고정 관념을 깨뜨리는 것입니다. 심리학자들에 의하면 사람의 행동을 지배하는 것 90%가 습관과 고정 관념이라고 합니다. 옛날 서부 영화를 보면 보안관이 허리춤에서 끈 달린 회중시계를 꺼내 시간을 확인하는 장면이 많이 나옵니다. 당시만 해도 시계는 당연히 허리춤에 차야 한다는 고정 관념이 있어서 손목으로 옮겨 오기까지 아주 많은 시간이 걸렸답니다. 지금 생각하면 웃음이 나지요? 그것이 고정 관념입니다.

창의적 사고란 우리가 알고 있는 상식의 세계, 고정 관념을 깨뜨리는 것입니다. 고정 관념을 타파하면 그것이 곧 창의가 됩니다. 평소 여러분이 얼마나 많은 고정 관념에 사로잡혀 있는지 다음에 나오는 선생님과 학생의 대화 내용을 한번 들어 보세요.

> **고정 관념**
> 잘 변하지 아니하는, 행동을 주로 결정하는 확고한 의식이나 관념을 말합니다.

선생님 빌딩 옥상에서 쇠구슬과 풍선을 동시에 떨어뜨리면 어느
       것이 먼저 땅에 떨어질까요?

학생   쇠구슬이 먼저 떨어집니다.

선생님 왜 그렇지요?

학생   쇠구슬이 더 무겁기 때문입니다.

선생님 자, 그럼 여기 체중이 똑같이 50kg인 두 사람이 높은 언덕
       에서 뛰어내린다고 가정해 봅시다. 한 사람은 맨몸으로,
       다른 한 사람은 무게 5kg의 짐을 지고 뛰어내린다고 하면,

이번에도 짐을 진 사람이 먼저 떨어질까요?

학생 　당연히 그렇습니다. 짐을 진 사람이 더 무겁기 때문입니다.

선생님 　만약 그 짐이 낙하산이라면 어떻게 될까요?

학생 　…….

갈릴레이의 자유 낙하 실험에 나오는 이야기입니다. 물론 낙하산 이야기는 이해를 돕기 위해 덧붙인 것입니다. 무거운 것이 더 빨리 떨어진다고 처음으로 주장한 사람은 그리스의 만물박사 아리스토텔레스였습니다. 그것이 갈릴레이에 의해 뒤집히기까지 거의 2000년 동안 아무도 그것을 의심하지 않았던 것입니다. 우리는 정도의 차이는 있지만 모두 상식이라는 고정 관념에 사로잡혀 있다는 이야기입니다. 그 고정 관념을 깨는 것이 창의적 사고의 첫걸음입니다.

다르게 생각하라!

2011년 10월 5일, 애플의 창업자 스티브 잡스가 사망했다는 소식이 전해지자 전 세계 많은 사람들이 슬픔에 잠겼습니다. 알다시피 스티브 잡스는 친부모로부터 버림받고 남의 집에 양자로 들어가서 자랐습니다. 그가 포클랜드 대학에 입학했을 때 양부모는 적지 않은 등록금을 부담스러워했습니다. 그러자 스티브 잡스는 곧 대학을 중퇴해 버렸습니다.

이후 그는 18개월 동안 이 교실 저 교실을 기웃거리며 남의 어깨 너머로 관심 있는 강의를 들었습니다. 그때 가장 관심 있게 들은 과목이 캘리그래피(calligraphy)였다고 합니다. 애플이 만든 매킨토시 컴퓨터에 아주 다양한 글자체가 사용되고 있는 것은 이때의 영향으로 생각됩니다. 21세기의 히트 상품은 기술만으로는 거의 불가능하다고 알려지고 있습니다. 기술에다 인문학적 상상력과 인간의 체취를 느끼게 하는 감성이 가미되어야 한다고 전문가들은 말합니다.

지금부터 애플의 창조적 파괴를 살펴볼까요? 1976년 스티브 잡스는 컴퓨터 천재 스티브 워즈니악과 양부모의 집 창고에서 애플을 창업하여, 이듬해 개인용 PC 애플Ⅱ를 내놓아 성공의 첫 단추를 끼웠습니다. 당시까지 IBM의 대형 컴퓨터가 위주였던 시장을 성능과 작은 크기로 무너뜨린 것입니다.

스티브 잡스가 새로운 기술을 가지고 획기적인 제품을 발명한 것은 별로 없었습니다. 기존 제품을 가지고 사람들의 고정 관념을 깨뜨린 것이 대부분이지요. 스티브 잡스가 고안한 컴퓨터의 마우스를 볼까요? 마우스가 나오기 전에는 컴퓨터를 작동하기 위해 아주 복잡한 과정을 거쳐야 했습니다. 그러나 마우스의 등장으로 사람들은 이제 컴퓨터를 장난감처럼 다룰 수 있게 되었습니다.

터치스크린(touchscreen) 방식을 처음 고안한 것도 스티브 잡스입니다. 그동안 컴퓨터나 휴대 전화의 액정 화면에 손을 대는 것은 금기로 여겨졌습니다. 화면이 더러워지기 때문이었지요. 그러나 스티브 잡스는 간단히 손가락으로 작동할 수 있는 터치스크린을 만들어 냈

캘리그래피
그림과 서예의 중간 정도에 위치한 예술의 한 장르로, 글씨를 그림처럼 나타내는 서예입니다. 스티브 잡스의 캘리그래피 공부는 훗날 컴퓨터 서체를 만들 때 큰 도움이 되었다고 합니다.

스티브 워즈니악
미국 출신의 컴퓨터 엔지니어로 스티브 잡스와 함께 애플 컴퓨터 사를 세웠습니다. 초기 애플 컴퓨터를 만들었으며, 최초로 마우스를 개발해 컴퓨터에 적용시키기도 했습니다.

던 것입니다.

스티브 잡스는 늘 남과 다르게, 다른 사람들이 생각하지 못하는 것을 생각하라고 다그쳤습니다. 신제품 개발 회의를 할 때였습니다. 기술자들이 개발한 구태의연한 시제품들을 보고는 화가 치민 그는, 개발 중이던 제품을 모두 폐기하라고 명령했습니다. 이에 직원들이 항의하자, 그가 "Think different!(다르게 생각하라!)"라고 외쳤던 것입니다. 그렇게 해서 처음부터 다시 만든 것이 아이팟, 스마트 MP3 플레이어, 아이폰, 아이패드로 이어지는 일련의 제품들이었습니다.

후일 유명 인사가 된 스티브 잡스는 스탠포드 대학 졸업식에 연사로 초청받았습니다. 연설을 마친 그에게 학생들이 일생에서 최고의 행운은 무엇이었냐고 물었습니다. 그러자 스티브 잡스는 이렇게 대답했다고 합니다.

"내 일생 최고의 행운은 대학을 중퇴한 것이었습니다. 대학을 졸업했더라면 월급쟁이밖에 되지 못했을 것입니다."

창의와 직관의 공통점은 무엇일까요? 둘 다 논리의 차원이 아니라는 것입니다. 논리는 연속적으로 이어지는 아날로그 차원인 반면, 창의와 직관은 불연속적인 디지털 차원입니다. 창의와 직관은 논리적 체계 밖에 존재하는 것입니다.

아날로그적 접근은 제조업 위주의 산업 사회에서는 아주 유용합니다. 다른 사람들이 만든 물건을 좀 더 값싸게, 좀 더 정교하게 만드는 기술이 아날로그입니다. 세계에서 가장 아날로그적인 나라가 일본입니다. 그들은 아날로그가 지배하던 20세기 중·후반까지 빠르게 발전했지만, 디지털 세상이 열리자 여기에 적응하지 못하고 제자리 걸음을 하고 있습니다.

지금 우리가 맞고 있는 디지털 세상에서는 창의와 직관이 훨씬 중요한 덕목입니다. 창의와 직관의 아이콘 스티브 잡스, 그는 떠났지만 그가 남긴 제품과 디자인은 여전히 사람들의 경탄을 자아냅니다. 스티브 잡스의 창의력과 직관의 원천은 무엇이었을까요?

스티브 잡스 창의력의 원천은 기계를 조립하고 부수던 놀이에서 비롯되었다고 합니다. 그의 양아버지는 제2차 세계 대전에 참전한 후 미국으로 돌아와 차고에서 전자 제품과 기계 수리업을 했습니다. 어린 시절의 스티브 잡스는 양아버지가 하는 일을 옆에서 보면서 기계를 조립하고 부수고 전혀 엉뚱한 것을 만들어 내는 놀이를 하면서 자랐다고 합니다. 이런 놀이가 그의 창의력 개발에 큰 도움이 되었다고 하지요.

다음으로 그의 직관력은 동양적인 명상의 결과였다고 합니다. 사춘기가 되었을 때 스티브 잡스는 자신이 입양되었다는 사실을 알고 방황하게 됩니다. 양부모가 대학 등록금을 부담스러워하자 대학을 중퇴하고는 정신적인 스승을 찾아서 인도로 떠나지요. 7개월 동안의 인도 여행을 통해서 자신의 일생에 큰 영향을 미친 정신적인 가치를 배울 수 있었다고 합니다. 그는 훗날 이렇게 말합니다.

"인도 사람들은 머리, 곧 논리적으로 생각하지 않아요. 그들은 직관력을 사용합니다. 그리고 그들의 직관력은 세계 어느 곳의 사람들보다 수준이 높습니다. 제가 보기에 직관에는 대단히 강력한 힘이 있으며 지력보다 더 큰 힘을 발휘합니다. 이 깨달음은 제가 일하는 방식에도 큰 영향을 미쳤습니다."

그는 인도 여행을 통해 서구 사회의 논리적 사고가 지닌 한계를 파악했다고 합니다. 서구 사회에서 중시되는 이성과 논리보다 직관과 직감이 삶의 본질에 훨씬 더 가깝다는 것을 깨달은 것입니다. 그는 제품을 개발할 때에도 미국 기업들이 필수라고 여기는 시장 조사 한 번 한 적이 없다고 합니다. 모든 것을 직관에 의해 개발했던 겁니다.

논리와 창의

논리와 창의는 보완적일 때도 있지만 대부분은 상반되는 개념입니다. 따라서 지나치게 논리에 집착하면 창의력이 방해를 받는 경우가 많습니다. 논리가 연속적으로 이어진 아날로그 체계라면, 아이디어나 창의력은 디지털적인 차원이기 때문입니다.

기계식 시계의 내부를 한번 들여다보세요. 많은 톱니바퀴들이 정교하게 맞물려 돌아가면서 시간을 나타냅니다. 이것이 아날로그입니다. 아날로그적인 것을 그래프로 그리면 연속적으로 이어진 곡선으로 나타납니다. 이에 비해 디지털적인 것은 막대그래프나 꺾은선 그래프처럼 다음에 무엇이 나타날지 예측하기 어려운 구조를 가지고 있습니다.

아날로그는 정답이 하나뿐이지만, 디지털은 정답이 없을 수도 있고 정답이 여러 개일 수도 있습니다. 수학이나 과학이 아날로그적이라면, 그림 그리기는 디지털적입니다. 그림 그리기에는 정답이 있을 수가 없겠지요.

한국의 학교 교육은 대부분 하나의 정답만을 강요하는 아날로그적인 구조입니다. 이것이 창의력을 저해하는 요인일 수 있습니다. 한국이 선진국 문턱에 이르렀다고 하지만, 세계적인 상품을 우리가 독창적으로 발명하거나 만들어 낸 것은 하나도 없습니다. 이제 창의력이 살아나야 선진국 문턱을 훌쩍 넘을 수 있을 것입니다.

사람의 뇌에서 논리는 왼쪽 뇌가 담당하고 아이디어나 영감, 창의력은 오른쪽 뇌가 담당합니다. 학교 교육을 받지 않은 옛날 사람들은 대부분 직관이나 영감에 의해 일을 처리했습니다. 그러나 현대인들은 학교 교육을 많이 받은 탓에 좌측 뇌만 크게 발달하고 우측 뇌는 옛날보다 작아졌다고 합니다. 그렇다고 좌측 뇌를 떼어 낼 수도 없고.

그래서 전문가들은 어려운 문제에 부딪치면 우선 좌측 뇌를 이용하여 최선의 해답을 찾되, 그래도 안 되면 문제를 잊어버리고 직관, 즉 가슴으로 판단하라고 권합니다. 이 책에서 여러 번 언급한 스티브 잡스나 뒤에 이야기해 줄 손정의 같은 경우가 그러합니다.

두 사람은 큰 결단을 내릴 때는 판단의 근거가 되는 자료를 충분히 읽지만, 결론은 논리적으로 내리는 것이 아니라 가슴, 곧 직관으로 내린다는 것입니다. 바로 영감을 이용한 문제 해결 방법이지요.

여러분도 그런 경험이 있을 것입니다. 시험을 칠 때는 아무리 생각해도 떠오르지 않던 수학 공식이 시험장을 나오는 순간 떠오르던 경험 말입니다. 정리하자면, 문제를 해결할 때는 머리로 충분히 해결책을 찾아보고, 그래도 안 되면 잊어버리고 가슴에 맡기라는 것입니다.

사실 중요한 결정을 내릴 때 언제나 논리적 판단이 가능한 것이 아닙니다. 위대한 일을 한 사람들을 보면 대부분 논리적으로 불가능하다는 반대를 무릅쓰고 성공했습니다. 나는 가끔 자전거를 발명한 사람이 참 위대하다는 생각을 하곤 합니다. 알다시피 자전거는 두 바퀴로 달리는 기구입니다. 처음 자전거를 만들 때 모든 사람들이 논리적으로 불가능하다며 반대했답니다. 이유는, 어떤 물체가 넘어지지 않으려면 최소한 바퀴가 세 개는 있어야 하는데, 바퀴 두 개인 물체가 어떻게 달리겠느냐는 것이었지요.

여러분은 바퀴가 두 개인 자전거가 넘어지지 않고 달릴 수 있는 이유가 무엇이라고 생각하세요? 한 번 더 깊이 생각해 보세요. 답을 모르겠거든 과학 선생님과 상의해 보시고요.

수평적 사고

수평적 사고란 영국의 에드워드 드 보노 박사가 『수평적 사고』라는 책에서 제시한 새로운 사고방식입니다. 수직적 사고가 문제 내부에서 논리적 과정을 통해 해결책을 찾는 것이라면, 수평적 사고는 문제 밖에서 해결책을 찾는 방식입니다. 이는 문제 해결에 있어서 기존에 없던 새로운 접근 방식을 의미하는 경우가 많습니다. 먼저 다음의 이야기를 봅시다.

옛날 런던에 늙은 고리대금업자가 있었답니다. 한 상
인이 그로부터 돈을 빌렸다가 장사를 망치는 바람에 돈
을 갚지 못할 처지가 되었습니다. 그러자 음흉한 고리대
금업자는 상인의 아름다운 딸에게 눈독을 들였습니다. 이에 고리대
금업자는 상인에게 검은 천으로 된 주머니를 내보이며 이렇게 제안
했습니다.

고리대금업자
부당하게 비싼 이자를 받는 돈놀
이를 하는 사람을 말합니다.

"주머니 속에 검은 돌 하나와 흰 돌 하나를 집어넣겠소. 딸에게 주
머니 속의 돌 하나를 꺼내게 해서 그것이 흰 돌이면 아무런 조건 없
이 빚을 면제해 주겠소. 꺼낸 것이 검은 돌이면 빚은 면제해 주되 당
신의 딸을 내게 주시오. 이 제안을 거부한다면 당신을 감옥으로 보내
겠소."

고리대금업자는, 어떤 경우든 빚은 면제해 주되 자신이 상인의 딸
을 차지할 확률이 50%인 게임을 제안한 것입니다.

빚을 갚을 수 없었던 상인은 그 제안을 거절할 수가 없어서 고리대
금업자를 데리고 집으로 가서 딸에게 내기를 하게 된 전후 사정을 설
명해 주었습니다. 그동안 고리대금업자는 돌아서서 정원에 있는 돌
두 개를 주머니에 집어넣었습니다. 딸이 곁눈으로 보니 고리대금업
자가 검은 돌만 두 개를 넣는 것이었습니다. 즉, 어떤 돌을 집어도 내
기에 질 수밖에 없는 상황이었지요.

이 문제에 논리적 혹은 수직적 사고로 접근할 경우 다음의 세 가지

대안이 있을 수 있습니다.

하나, 제안을 거절한다.

둘, 고리대금업자의 속임수를 고발한다.

셋, 자신을 희생해서 아버지를 구한다.

수직적 사고방식으로는 주머니에서 '꺼내는 돌'의 색깔에만 관심을 갖게 됩니다. 이때는 어떤 돌을 꺼내도 검은 돌일 수밖에 없습니다. 그러면 늙은 고리대금업자가 딸을 빼앗게 되지요.

그러나 수평적 사고방식에서는 돌 하나를 꺼낸 뒤 주머니에 '남은 돌'에 관심을 가집니다. 그럴 경우 어느 것을 꺼내든 주머니에는 검은 돌 하나가 남게 되겠지요.

그래서 딸은 이렇게 했습니다.

주머니에서 돌을 하나 꺼내되, 실수인 척, 꺼낸 돌을 정원의 연못에 빠뜨렸지요. 그리고는 고리대금업자에게 말했습니다.

"어머, 죄송해요! 제가 그만 실수로 돌을 떨어뜨렸어요. 하지만 주머니에 남아 있는 돌을 보면 제가 어떤 돌을 꺼냈는지 알 수 있겠네요."

그러면서 주머니에 남은 돌을 꺼내 보자고 했지요. 물론 그것은 검은 돌일 거고, 그러면 자신이 꺼내 연못에 빠뜨린 돌은 흰 돌이었다고 주장할 수 있으니까요.

이런 식의 접근이 수평적 사고입니다. 문제를 뒤집어서 보는 것, 혹은 문제 밖에서 문제를 해결하는 것을 수평적 사고방식이라고 하지요.

　여러분, 알렉산더 대왕의 매듭 이야기를 알고 있나요? 옛날 소아
시아의 도시 골고디온에 있는 한 신전의 기둥에 아주 정교하게 묶인
매듭이 있었답니다. 그리고 그 매듭을 푸는 사람이 왕이 될 것이라는
전설이 내려오고 있었지요. 많은 사람들이 그 매듭을 풀려고 했지만
실패했습니다. 그 말을 들은 알렉산더 대왕은 당장 그곳으로 달려가
칼로 매듭을 잘라 버렸답니다.

　강철왕 카네기도 그 이야기에 감명을 받은 듯합니다. 그는 신입 사
원 채용 시험에서 끈으로 묶은 상자를 내놓고 끈을 풀라고 했답니다.
끈을 꼼꼼하게 푼 사람은 불합격, 칼로 잘라 버린 사람은 합격되었다
고 해요. 우리가 맞닥뜨리는 문제의 정답은 대개 하나가 아니에요. 다

른 방법이 존재하고, 문제 밖에 해답이 있는 경우도 많지요. 그것이 수평적 사고입니다.

한국 기업가들 중에는 정주영이 수평적 사고의 달인이었습니다. 1976년에 현대건설이 사우디아라비아 주바일 항만 공사를 할 때였지요. 이 프로젝트는 공사 금액이 9억 3,000만 달러로 당시 나라 예산의 절반에 가까워, 세계 건설업계에서는 20세기 최대의 공사로 불릴 정도였어요. 정주영은 공사 기간을 단축하고 원가를 절감하기 위해 공사에 사용될 기자재와 거대한 콘크리트 구조물을 울산 조선소에서 제작하여, 거대한 바지선에 싣고 필리핀 해협의 태풍권을 지나 걸프 만까지 가서 그대로 항만에 부착하는 방식으로 공사를 마무리하는 기적을 이루었습니다. 이 일은 당시 『뉴욕 타임스』에도 소개되었어요.

간척지
바다나 호수 따위를 둘러막고 물을 빼내어 만든 땅입니다.

또, 1980년 초에 서산 간척지를 조성할 때 일입니다. 서해안은 간만의 차가 심해서 물막이 공사에 어려움을 겪고 있었어요. 공사가 진행될수록 물살이 거세게 밀려왔기 때문입니다. 큰 바위를 실어다 쏟아 놓아도 물살에 휩쓸려 떠내려가 버렸습니다. 이때 정주영은 울산 항에 묶어 두었던 폐유조선을 가져다가 가라앉히는 방법으로 공사를 마무리했지요. 이 아이디어 하나로 엄청난 비용과 시간을 단축했던 겁니다.

문제 밖에서 해결책을 찾으라

이번에는 백화점 엘리베이터 이야기예요.

어느 백화점에 엘리베이터 속도가 느려서 고객들이 늘 불평을 했답니다. 이를 고치려고 기술자를 불렀더니 많은 돈을 요구하더랍니다. 그렇게 많은 돈을 들여 고칠 수는 없고…….

그때 백화점에서 잡일을 하던 여직원이 고치겠다고 나서더니, 엘리베이터 벽에 커다란 거울을 걸었습니다. 그러자 고객들의 불평이 완전히 사라지더랍니다. 이것 역시 문제 밖에서 해답을 찾은 수평적 사고입니다.

백화점 고객들의 불평이 왜 사라진 걸까요? 엘리베이터 안에서 여자들은 거울을 보면서 화장을 고치고 남자들은 넥타이를 바로잡았지요. 자신의 모습을 비추어 보느라 엘리베이터가 느린 것을 의식하지 못하게 된 것입니다.

어느 스승이 제자들을 부르더니, 벽에 선 하나를 긋고 나서 제자들에게 말했습니다.

"손을 대지 말고 이 선을 짧게 만들어 보아라!"

그러자 한 제자가 일어나 그 선 밑에 긴 선 하나를 그렸습니다. 이것 역시 문제의 해답을 문제 밖에서 찾은 것이지요. 수평적 사고방식은 창의성과는 조금 달라요. 한마디로 새로운 접근 방법, 밖에서 해결책을 찾는 방식으로 문제를 해결하는 것이지요. 때로는 엉뚱할 수도 있고 때로는 기발할 수도 있는 문제 해결 방식을 수평적 사고라고 합니다.

핵심만 남기고 나머지는 무시하라

어떤 문제와 맞닥뜨렸을 때 지나치게 논리적·세부적으로 접근하다 보면 아주 어려워지는 경우가 많습니다. 이럴 경우 문제의 핵심만 보는 것이 쉬운 해결책이 될 수 있어요.

옛날 중국에서 있었던 일입니다. 어른들이 모두 들에 나간 사이에 아이들이 모여서 숨바꼭질을 했는데 한 아이가 그만 물이 가득 담긴 독에 빠졌답니다. 다들 발만 동동 구를 뿐 어찌할 바를 모르는데, 한 아이가 큰 돌을 하나 집어 들더니 장독을 깨 버렸습니다. 물이 쏟아지면서 아이도 살아났다는 이야기입니다.

아이를 살리는 게 이 문제의 핵심인 만큼 독이 깨지는 부차적인 일은 무시하라는 것입니다. 그 똑똑한 아이가 나중에 대학자가 된 송나라 사마광이었습니다.

복잡한 사안은 단순하게 보라

사안의 핵심을 꿰뚫는 안목을 기르기 위해 복잡한 문제를 단순하게 보라는 것입니다. 미국이 처음 우주 개발에 나섰을 때 우주에서 실험 일지를 적을 볼펜을 만들기 위해 많은 돈을 투자했다고 합니다. 무중력 상태에서는 볼펜 잉크가 나오지 않기 때문이었습니다. 그러나 소련은 그냥 연필을 사용했다고 합니다.

한편 소련은 달 착륙선에 부착할 전구를 만드느라 애를 먹고 있었습니다. 착륙의 충격으로 전구가 번번이 깨졌기 때문입니다. 그러나 달은 공기가 없는 진공 상태이기 때문에 전구가 필요 없었지요. 필라

멘트만 있어도 아무런 문제가 없었던 것입니다. "바보는 일을 복잡하게 만들고 천재는 일을 단순하게 만든다." 경영 명언이었습니다.

외부의 눈으로 IBM의 문제점을 찾은 루 거스너

여러분, 롤러코스터를 타 본 적이 있나요? 롤러코스터를 타는 것처럼 천당과 지옥을 모두 경험했던 기업이 바로 IBM일 것입니다. IBM은 대형 컴퓨터 시장을 석권하면서 1960~1980년대에 걸쳐 거대한 IBM 제국을 이루었습니다. 대기업은 물론이고 나라마다 예산을 운용하기 위해서 필수적으로 갖추어야 하는 것이 IBM 컴퓨터였지요.

재미있는 일화 하나 소개할까요? 1960년대에 한국 혁명 정부에서 경제 개발 5개년 계획을 세울 때였습니다. 당시 IBM 컴퓨터 하나 갖출 능력이 없었던 한국에서는 복잡한 계산을 할 수가 없었습니다. 하는 수 없이 용산에 있는 미8군 컴퓨터를 빌려서 이 작업을 했다고 합니다. 그 컴퓨터의 성능은 지금 여러분이 사용하는 PC보다도 못했지요. 씁쓸한 웃음이 나오는 사건 아닙니까?

IBM 최고의 히트 상품은 시스템 360 컴퓨터였어요. 이 시스템 360은 IBM에게는 신이 내린 선물이었지요. 컴퓨터 가격에 소프트웨어와 서비스 비용이 모두 포함되어 있었는데, IBM 수익의 90% 이상이 여기서 나왔습니다. 손 짚고 헤엄치기였지요. 회사는 넘치는 현금을 어디에 써야 할까 하는 것이 가장 큰 고민이었어요.

그러다가 후발 기업들이 PC를 내놓자 IBM은 아이들 장난감이라며 웃었습니다. 그 장난감 같은 컴퓨터로 무엇을 하겠느냐며 PC를 경쟁 상품으로 보려고 하지 않았어요. 그러나 나날이 반도체 용량이 늘면서 PC 시장은 IBM 컴퓨터를 위협할 정도로 성장했고, 시장의 무게 중심도 서서히 PC 쪽으로 기울기 시작했습니다.

그러자 IBM에서도 PC를 개발했는데, IBM은 여기에 중점을 둘 수가 없었어요. PC를 팔면 팔수록 자사 제품인 시스템 360의 시장을 잠식하게 되었기 때문이지요.

마침내 롤러코스터가 곤두박질하기 시작했습니다. 1993년이 되자 IBM의 누적 적자는 180억 달러나 되었습니다. IBM은 이러지도 저러지도 못하는 늙은 코끼리가 되어 버렸지요. 전문가들도 IBM은 더 이상 희망이 없다는 결론을 내렸습니다.

이때 등장한 게 루 거스너 회장이었습니다. 루 거스너 회장은 식품 회사 경영자 출신으로 컴퓨터에 대해서는 컴맹 수준이었어요. 그런데 아이러니하게도, 루 거스너가 IBM을 살려 낼 수 있었던 것은 그가 컴퓨터를 잘 몰랐기 때문이라고 하지요. 역설 중의 역설입니다.

루 거스너가 최고경영자로 취임하여 IBM의 나아갈 길을 놓고 첫 회의를 할 때였습니다. 회의 참석자들은 IBM 사람들답게 프로젝터를 틀어 놓고 거창한 프레젠테이션으로 각자의 의견을 발표했지요. 루 거스너 회장은 IBM의 문제가 과연 무엇인가, 무엇이 핵심인가 생각하면서 발표를 들었습니다. 그런데 발표자마다 어려운 기술적 용어만 나열할 뿐 '고객'이라는 말이 한 번도 나오지 않는다는 사실을 깨달았지요. 순간 루 거스너 회장은 IBM 몰락의 원인을 정확하게 깨달았습니다.

'그래, IBM의 본질적인 문제는 기술에만 매달렸을 뿐 소비자를 의식하지 않은 점이다!'

실제로 거대 기업이었던 IBM은 소비자를 의식할 필요가 없었습니다. 대형 컴퓨터 분야에서는 경쟁자도 없어서 만들면 얼마든지 팔렸기 때문입니다.

루 거스너는 자리에서 일어나 결론을 말했습니다.

"IBM은 너무 거만해졌습니다. 소비자를 의식하지 않는 기업은 존재할 수가 없어요. 이제 IBM은 컴퓨터 제조업체가 아니라 고객의 편에서, 고객에 밀착해서 컴퓨터 시스템 구축에서부터 시스템 유지, 관리를 해 주는 서비스 전문 기업으로 다시 태어날 것입니다."

그리고는 IBM 글로벌 서비스 회사를 출범시켰습니다. 루 거스너의 개혁이 빛을 보기 시작하면서 1997년에는 흑자로 돌아섰고, 2002년이 되자 80억 달러 흑자를 기록하면서 다시 한 번 영광의 고지에 오를 수 있었지요. 이제 IBM은 컴퓨터 제조 회사가 아니라 컴퓨터 관련 서비스 기업입니다.

컴맹 수준의 루 거스너 회장이 거대한 컴퓨터 회사 IBM을 살려 낸 것을 어떻게 생각해야 할까요? 내부에 있는 사람들은 자신이 일하는 세부적인 분야에만 몰두하기 때문에 객관적으로 문제점을 보기 어렵습니다. 이에 반해 외부에서 온 루 거스너 회장은 회사 전체의 큰 줄기만 볼 수 있었던 것입니다. 또, 루 거스너 회장이 컴퓨터 관련 기술을 잘 몰랐기 때문에 기술 외의 분야에서 문제점을 찾았던 것이고요.

어떤 문제를 풀 때 문제 속에 빠져 버리면 해결하기 어려운 경우가 많습니다. 때로는 한 발 물러나서 보는 편이 훨씬 더 잘 보이지요. 바둑이나 장기를 두는 것을 본 적이 있나요? 바둑이나 장기를 두는 당사자들보다 구경꾼들이 수를 더 잘 봅니다. 이들을 훈수꾼이라고 하지요. 복잡한 문제는 멀리서 단순하게 봐야 해답이 보이는 법입니다.

행운을 부르는 자세

세계적인 발명이나 발견 중에는 우연이나 실수에 의한 것도 많습니다. 이에 대해 심리학자들은 그것을 '확률적 우연'이 아니라 '필연적 우연'이라고 말하지요. 그런 우연은 자신의 일에 최선을 다한 사람에게만 찾아온다는 의미입니다. 심리학자들은 행운을 부르는 방법을 다음과 같이 가르쳐 주고 있습니다.

우뇌를 활용하라

화학자 케쿨레는 꿈속에서 벤젠의 분자 구조를 발견하여 노벨상까지 받으면서 억세게 운 좋은 사나이로 알려져 있습니다. 그러나 사실 그는 벤젠의 분자 구조 규명을 위해 오랫동안 연구에 연구를 거듭했던 사람입니다. 어느 날 그는 연구실 의자에서 깜빡 잠이 들었다가 꿈속에서 뱀 여섯 마리가 서로 꼬리를 물고 빙글빙글 도는 모습을 보았습니다. 깜짝 놀라 잠에서 깨어 꿈에서 본 뱀들의 모습을 종이에 옮겨 보았더니, 그것이 벤젠의 분자 구조였다는 것입니다.

전문가들에 의하면, 인간의 논리적 사고를 관장하는 것은 좌뇌이고 영감, 아이디어, 상상력을 관장하는 것은 우뇌라고 합니다. 학교 교육을 통해 좌뇌가 발달한 현대인들은 문제를 대하면 우선 논리적으로 접근하게 됩니다. 좌뇌, 즉 논리적으로 가능한 모든 방법을 다 사용하고 나면 그때부터 우뇌가 활성화되면서 아이디어와 영감이 떠오른다는 이야기이지요. 케쿨레의 경우 오랜 연구를 통해 좌뇌를 모두 사용하고 나서 잠이 들었다가 꿈속에서 영감을 얻은 것으로 보아야 할 것입니다.

간절한 소망을 품으라

"원래 우연이란 없는 것, 무엇인가를 간절히 소망했던 사람이 그것을 찾았다면 그것은 우연이 아니라 자신의 소망이 가져다준 필연의 결과물이다." 헤르만 헤세의 성장 소설 『데미안』에 나오는 구절입니다.

다이너마이트를 발명하여 큰돈을 벌었고 그 돈으로 노벨상을 제정한 알프레드 노벨은, 어렸을 때 무기 공장에서 일하는 아버지를 따라가 놀면서 자연스럽게 화약에 관심을 갖게 되었습니다. 하루는 여동생 에밀을 공장으로 데려가서 놀았는데, 화약이 폭발하는 바람에 에밀이 죽고 말았지요. 노벨은 동생이 자기 때문에 죽었다는 죄책감에서 안전한 화약을 만들겠다는 간절한 소망을 품었습니다.

어느 날 노벨은 기차에서 들어 내리던 니트로글리세린 통에서 액체가 흘러내리는 것을 목격했습니다. 그대로 폭발하는 게 아닌가 걱정했는데, 바닥의 규조토에 흡

니트로글리세린
폭발성이 있는 기름 모양의 무색 액체로 열, 충격 등에 의해 쉽게 폭발하는 성질을 갖고 있습니다.

수된 니트로글리세린은 망치로 두들겨도 폭발하지 않았습니다. 오직 한 가지 방법, 즉 뇌관을 사용했을 때만 폭발한다는 것을 발견한 것입니다.

행운을 맞을 준비를 하라

"행운은 준비된 자에게만 미소 짓는다."

전염병 예방 백신을 만들어 인류를 질병에서 구한 루이 파스퇴르가 백신을 세상에 내놓은 후에 한 말입니다.

당시 유럽에서는 탄저병과 콜레라로 많은 사람들이 죽어 갔습니다. 파스퇴르는 예방약을 만들기 위해 실험에 실험을 거듭하고 있었지요. 어느 날 그의 조수가 실험용 닭에 콜레라균 주사를 놓는 걸 깜빡 잊고 있다가 며칠 후에 주사하는 사고를 저질렀습니다. 그런데 신기하게도 닭은 죽지 않았고 오히려 콜레라균에 저항력을 갖게 되었어요. 이 현상을 놓고 파스퇴르는, 약해진 균이 닭에게 병을 일으키지 못하고 오히려 병에 대한 항체 형성에 도움을 준 것으로 추정했습니다.

이처럼 백신은 조수의 실수로 태어났지만, 파스퇴르가 인류를 전염병으로부터 구하기 위해 오랫동안 연구해 왔기에 그 실수의 의미를 깨달을 수 있었다는 것입니다.

수평적 사고방식 훈련

여기 두 개의 용기 A, B가 있습니다. A에는 물, B에는 포도주가 각각 600cc 들어 있습니다. A에 있는 물 120cc를 계량컵으로 떠서 B로 옮겨 잘 저은 다음에 B의 내용물 120cc를 다시 A로 옮기면 A에 남아 있는 물의 양과 B에 남아 있는 포도주의 양은 어느 쪽이 많을까요?

정답

이 문제를 논리적인 방식으로 풀려면 복잡한 과정을 거쳐야 합니다. 그러나 수평적 사고로 접근하면 아주 간단해지지요. 이 문제를 두 가지 방법으로 풀어 봅시다.

⇒ 논리적 풀이

1단계: 처음 A에 있던 물 120cc를 B로 옮기면 A에는 물 480cc가 남고 B에는 포도주 600cc에다 물 120cc가 더해지게 됩니다. 이때 B의 내용물은 포도주 600cc, 물 120cc로 비율은 5:1입니다.

2단계: 다시 B의 내용물 120cc를 A로 옮기면 옮겨 가는 내용물은 포도주가 100cc($120cc \times \frac{5}{6}$), 물이 20cc($120cc \times \frac{1}{6}$)가 되고 B에 남은 포도주의 양은 500cc가 됩니다.

3단계: A에 남아 있던 물 480cc에다 B에서 옮겨 온 물 20cc를 합치면 A의 물도 500cc가 됩니다. 결국 A에 있는 물의 양과 B에 있는 포도주의 양은 500cc로 동일하게 됩니다.

⇒ 수평적 풀이

이 과정을 여러 번 반복한다고 가정해 보면 어떤 결과가 나올까요? 두 용기 모두 물과 포도주가 정확하게 반반이 될 것입니다. 그럼 한 번이나 두 번만 했을 경우 A에 남아 있는 물의 양과 B에 남아 있는 포도주의 양은 같아지지요. 이해될 때까지 잘 생각해 보세요!

창조적 파괴자들이 이룩한 위업

'기업가 정신'을 영어로 entrepreneurship(엔터프레뉴어십)이라고 표기합니다. 이는 '모험을 감행하다'라는 의미의 프랑스 어 entrepreneur에 정신을 의미하는 영어 단어 'ship'을 결합한 것입니다. 단어의 어원에서 보듯이 기업가 정신의 핵심은 모험과 도전으로 요약할 수 있을 것입니다. 창조적 파괴를 이룬 기업가들의 사례를 통해 기업가 정신을 다시 한 번 새겨 봅시다.

수능과 유명 대학교의 논술 연계

한양대 2008년 수시2-1 21세기한양인 논술 문제(인문계)

`

도전과 모험 그리고 타이밍

영웅들의 이야기를 읽어 보면 공통점이 있습니다. 주인공들은 자신의 꿈을 찾아 모험 여행을 떠나는데, 그게 순탄한 과정이 아니어서 도중에 도적 떼를 만나 가진 것을 모두 빼앗기기도 하고, 불을 뿜는 용을 만나 죽음의 고비를 넘기기도 하며, 악마의 유혹에 빠지기도 하지요. 또, 위험에 맞서 싸우는 동안 현자를 만나 위기를 벗어날 수 있는 지혜를 배우기도 합니다. 그리하여 마침내 자신이 원하던 것을 쟁취한 영웅은 고향으로 돌아가 자신이 얻은 지혜와 보물을 함께 나눈다는 해피엔딩 스토리. 성공한 기업가들의 이야기와 아주 흡사하지요. 성공한 기업가들의 이야기가 바로 영웅전입니다.

어느 분야든 크게 성공한 사람 중에 어려운 고비를 넘기지 않은 사람은 없습니다. 모두가 미래의 불확실성에 도전하여 승리를 쟁취한 사람들이지요. 유명한 경영 어록 중에 "High risk, high return!"이라는 말이 있습니다. 이를 번역하면 '위험이 높을수록 돌아오는 몫도 크다'는 의미이지요.

물론 위험도가 높으면 실패의 가능성도 그만큼 큽니다. 그러나 실패를 좀 다른 각도에서 볼 필요가 있습니다. 어떤 일의 성공 가능성이 10%라고 합시다. 혼자서 도전하면 90% 실패하지만 10명이 도전한다면 그중 한 명은 분명히 성공한다는 의미가 됩니다. 그 한 명이 성공해서 거두어들이는 몫은 실패한 아홉 명의 몫을 상쇄하고도 남습니다. 따라서 사회 전체가 도전 정신으로 무장한다면 그 사회는 크게 발전하지만, 실패가 두려워 아무도 도전하지 않는다면 그 사회는 정체되고 맙니다.

또 다른 측면에서 생각해 봅시다. 한 사람이 처음 도전해서 성공할 가능성은 낮지만, 두 번째부터는 성공 가능성이 훨씬 더 높아지게 됩니다. 앞선 실패에서 배운 지혜가 있기 때문이지요. 그래서 실패를 성공의 어머니라고 부르는 것입니다. 에디슨이 백열전구를 개발할 때 수백 번 실패한 이야기는 우리 모두 알고 있지요.

기업 중에서도 위험도가 가장 높은 데가 바로 벤처 기업입니다. venture라는 단어 자체가 '모험'이라는 의미를 가지고 있습니다. 여기서 벤처 기업의 의미는, 첨단 분야의 기술이나 아이디어를 가지고 아무도 시도하지 않았던 미지의 분야에 도전하는 비즈니스 정도가 될 것입니다. 검증되지 않은 분야이기에 실패의 위험도 크지만, 성공했을 때 돌아오는 몫 또한 큰 것이 벤처 기업입니다.

20세기 후반과 21세기 초에 미국 경제에 활력을 불어넣었던 것도 마이크로소프트를 창업한 빌 게이츠, 애플을 창업한 스티브 잡스, 아마존을 창업한 제프 베조스, 야후를 창업한 제리 양, 그리고 구글의 래리 페이지, 페이스북의 마크 주커버그 같은 젊은 벤처 기업가들이었습니다. 그들에게는 세 가지 공통점이 발견됩니다. 첫째는 그들 모두 아무도 시도하지 않았던 미지의 분야에 도전했다는 점이고, 둘째, 이들 모두가 소프트웨어나 아이디어 하나만 가지고 모험을 강행했다는 점이며, 셋째, 이들 모두가 변화의 흐름을 정확하게 읽어 내고 승부수를 띄웠다는 점입니다.

교과서에는

디지털 경제 시대에는 누구라도 아이디어만 있으면 돈을 벌 수 있게 됩니다. 그만큼 독창적인 아이디어가 중요해지고 있습니다.

　　도전과 모험 그리고 변화를 읽는 타이밍, 이것이 벤처 기업가들이 갖추어야 할 덕목으로 보입니다. 불확실성이 큰 만큼 성공했을 때의 대가도 큽니다. 마이크로소프트를 세운 빌 게이츠는 세계 제일의 부자가 되었습니다. 그러나 빌 게이츠는 자신의 재산 대부분을 사회에 기부함으로써 세상 사람들의 존경을 받고 있습니다.

　　여기서 빌 게이츠에 얽힌 재미있는 일화 하나를 소개해 볼까요? 빌 게이츠는 하버드 대학생 시절 컴퓨터에 빠져 지냈습니다. 그의 소프트웨어 실력을 알고 있는 대학 당국이 그에게 과목별·수강생별 수업 시간표를 짜 달라고 부탁했지요. 장난기가 발동한 빌 게이츠는 자신이 듣는 수업 시간에 예쁜 여학생들만 함께 듣도록 시간표를 짰다고 해요. 장난꾸러기 빌 게이츠…….

　　도전과 모험 모두 중요하지만, 빌 게이츠에게는 변화의 타이밍을 정확히 읽은 점이 가장 중요했던 것 같습니다. 그는 컴퓨터, 그중에서도 소프트웨어가 미래를 지배할 것임을 정확히 예측했습니다. 마이크로소프트가 아직 잘 알려지지 않았을 때에는 회사에 전화를 걸어 아이스크림을 주문하는 사람도 많았다고 합니다. '소프트(soft)'라는 단어에서 아이스크림을 떠올렸던 모양입니다.

한국에도 성공한 벤처 기업이 많습니다. 컴퓨터 바이러스 치료로 시작한 안철수 연구소는 한국 벤처 기업 1세대입니다. 그 벤처 기업을 창업했고 현재 서울대학교 융합과학대학원장인 안철수는 성공한 벤처 기업가 출신으로, 요즘은 대통령 후보로 거론되고 있지요.

앞으로 한국 경제가 선진국에 진입하기 위해서는 안철수와 같은 훌륭한 벤처 기업가가 많이 나와야 합니다. 창의성과 다양성, 위험에 도전할 수 있는 용기를 가진 그런 벤처 기업가들이 여러분과 같은 청소년들 중에서 많이 배출되어야 한다는 의미이지요. 여러분들이 나라의 미래입니다.

기회는 변화의 틈새에

인터넷 서점 아마존의 사례

기회는 변화 속에 있습니다. 한바탕 변화의 바람이 불고 나면 기존의 상품과 기업 대부분이 도태되고 새로운 주인공이 등장하게 됩니다. 디지털 바람이 불자 아날로그 휴대 전화 시장을 석권하고 있던 모토로라가 디지털로 무장한 노키아에게 밀려났고, 노키아 역시 휴대 전화에 인터넷 기능을 접목한 애플과 삼성전자에 밀려 추락하고 있습니다.

한국 기업인 휴맥스 역시 디지털 가전 사업으로 벤처 기업을 시작해서 지금 연매출 1조 원이 넘는 기업으로 성장했습니다. 휴맥스의 변대규 대표는, 기존의 기업가들은 변화를 불편해하지만 벤처 기업가들에게는 변화 속에 오히려 기회가 있다고 말합니다. 변화의 흐름을 읽을 줄 아는 것이 가장 중요하다는 의미일 것입니다. 기존의 기업들은 왜 변화를 싫어할까요? 환경이 변할 때 이에 적응하지 못하면 도태되고 말기 때문입니다.

세계 최대의 인터넷 서점 아마존의 사례를 볼까요? 아마존은 인터넷상에서 책을 파는 벤처 기업으로 제프 베조스라는 사람이 1994년에 창업했습니다. 무일푼으로 시작하여 17년이 지난 2011년 현재 매출액 481억 달러의 세계적인 기업으로 성장했지요.

대학에서 컴퓨터 공학을 전공한 베조스는 졸업 후 인텔, 벨 등의 회사에 지원했으나 낙방하고 금융 관련 회사에서 일하고 있었습니다. 1994년 5월 어느 날 신문을 읽다가 그는 놀라운 기사를 발견하게 되었습니다. '인터넷 보급률이 해마다 200~300%씩 증가한다'는 기사였습니다.

그날부터 베조스는 인터넷으로 뭔가 할 일이 없을까 고민하다가, 인터넷을 통해 책을 팔아야겠다는 생각에 이릅니다. 그는 컴퓨터 프로그래머 한 명을 영입하여 당장 아마존을 창업했습니다. 이것이 전자 상거래의 시작이었습니다.

아마존닷컴은 단 몇 년 만에 세계에서 가장 큰 인터넷 서적, 음반, DVD 판매 기업으로 발돋움하면서 닷컴 신화를 창조했습니다. 반면, 미국 모든 대도시에 대형 매장을 가지고 있던 오프라인 서점 반스&노블은 아마존에 밀려 추락을 거듭하고 있지요. 소년 다윗이 골리앗을 이긴 격입니다.

한국은 역사상 가장 짧은 기간에 최빈국에서 선진국 문턱까지 진입한 나라입니다. 6·25 전쟁이 끝난 1960년대에 국민 소득이 80달러 정도로, 지금의 2,500분의 1 정도에 지나지 않았습니다. 수출 품목이라고는 일부 농수산물과 광석, 가발 정도였던 나라가 지금은 반도체, 자동차, 선박, 전자 제품 등에서 세계의 선두를 달리고 있지요.

아마도 그 시대를 경험해 보지 않은 여러분들은 이해가 잘 안 될 것입니다. 그래서 한국의 경제 성장을 한강의 기적이라고 부르는 것입니다. 창조적 파괴자들의 사례를 찾자면 1970년대 이후 한국의 경제 성장을 이끌었던 기업가 대부분이 여기에 속할 것입니다. 이 책에서는 분야별로 혁신을 이룩한 외국의 사례들을 소개해 보겠습니다. 한국의 사례는 다른 책을 통해서라도 꼭 접해 보기 바랍니다.

소프트뱅크, 손정의의 사례

여러분, 빌 게이츠나 스티브 잡스 이름은 많이 들어 보았겠지만 '손정의'라는 이름은 별로 듣지 못했지요? 제일 교포 3세인 손정의는 빌 게이츠나 스티브 잡스에 버금가는 모험가, 승부사, 벤처 기업가입니다. 그는 일제 강점기에 징용으로 일본 탄광에 끌려갔던 근로자의 손자로 일본에서 태어났습니다. 일본 땅에서 살던 손정의는, 아이들에게 왕따당하는 게 싫어서 열여섯 살에 미국으로 유학을 떠납니다. 유학에서 돌아와 일본에서 IT 관련 기업 소프트뱅크를 세워 일본 최고의 부자로 등극한 자랑스러운 한국인이지요. 이제 그의 이야기를 간추려 봅시다.

손정의가 미국에서 버클리 대학을 다니던 어느 날 우연히 서점에서 본 잡지 한 권이 그의 일생을 바꾸어 놓았다고 합니다. 잡지의 이름은 『파퓰러 일렉트로닉스』였지요. 일렉트로닉스(electronics)는 '전자'를 뜻합니다. 그 잡지에 PC 초기 모델이었던 인텔 사의 i8080 컴퓨터 사진과 빌 게이츠의 사진이 함께 실려 있었다고 합니다. 그 잡지를 읽고 감동받은 손정의는 컴퓨터와 관련된 사업을 하겠다고 결심하게 되었습니다.

일본으로 돌아와 소프트뱅크라는 회사를 만들 때 있었던 인상적인 이야기가 있습니다. 1981년에 직원 두 명을 구해서 소프트뱅크를 창업했습니다. 첫날 그는 직원 두 명을 앞에 두고 사과 상자 위에 올라가 이렇게 연설했습니다.

"우리 회사는 세계의 디지털 혁명을 이끌 것입니다. 30년 후 매출 1조 엔의 회사로 키울 것입니다."

1조 엔이면 우리 돈으로 환산하면 10조 원 정도 되는 천문학적인 금액입니다. 그가 연설을 마치고 화장실에 다녀왔더니 두 직원이 모두 달아났다고 합니다. 손정의를 제정신이 아닌 사람으로 여겼던 것이지요.

성공에 이르는 과정은 순탄하지 않았습니다. 사업이 궤도에 오르기 시작했을 무렵 중증 만성 간염 판정을 받았습니다. 3년 동안 병상에 누워 4000권의 책을 읽었다고 하지요. 퇴원 후 그는 "병원 침대에서 평생 먹고 살 지식을 얻었다"고 말했다고 합니다.

그가 일한 분야는 IT, 즉 정보 통신 분야의 인프라 사업입니다. '인프라'란 무대라고 생각하면 맞을 것입니다. 배우들이 자신의 재능을 마음껏 발휘할 수 있도록 제공해 주는 장소와 기회가 바로 무대이지요. IT 분야의 각종 상품이나 소프트웨어를 자동차에 비유한다면, 손정의의 소프트뱅크는 자동차들이 마음놓고 달릴 수 있는 고속도로입니다. 지금 손정의는 120여 개의 인터넷 관련 기업을 운영하면서 2만 명이 넘는 직원을 거느린 일본 최고의 부자, 세계적인 벤처 기업가, IT 사업의 황제로 불립니다. 일본 프로 야구단 '소프트뱅크'가 바로 손정의가 구단주로 있는 야구단입니다.

손정의는 감성의 달인입니다. 그는 숫자를 읽지 않고 느낀다고 합니다. 사업 계획을 짤 때도 자료를 충분히 읽기는 하지만 최종 결론은 머리가 아니라 가슴으로 내린다고 해요. 이 점은 2011년에 사망한 애플 사의 스티브 잡스와 흡사합니다.

손정의의 저택에는 조그만 개울이 흐른다고 합니다. 일본의 저택에는 보통 연못이 있지만, 손정의의 집에는 개울이 흐른다는 것입니다. 흐르는 물처럼 늘 새롭게 변해야 한다는 철학을 나타냈다고 하지요.

인터넷 탄생의 계기가 된 소련의 인공위성

여러분, 인터넷이란 게 도대체 무엇인지 생각해 본 적이 있나요? 어떻게 인터넷을 통해 다른 사람들과 이야기를 나눌 수 있을까요?

인터넷이란 집집마다 있는 컴퓨터를 수평적으로 연결한 것에 불과합니다. 앞서의 덧셈 방식이 서로 다른 종류의 사물을 연결시킨 것이라면, 인터넷은 동일한 것을 연결한 것이지요. 이처럼 동종의 사물을 연결한 것을 수평 네트워크라고 부릅니다.

혼자서 컴퓨터를 사용할 때는 문서 작업이나 게임밖에 하지 못했지만, 컴퓨터와 컴퓨터가 서로 연결되자 세계의 모든 사람들과 교신이 가능해졌으며 엄청난 정보 전달력을 가지게 된 것이지요. 인터넷 상에 10명이 연결되어 있으면 90(10×9) 가지 커뮤니케이션이 일어날 수 있을 것입니다. 만약 100명이 연결되어 있다면 9900(100×99) 가지 커뮤니케이션이 가능해지지요. 수평 네트워크 가입자가 10배로 늘자 정보 전달 채널은 110배로 증가한 것입니다. 전 세계가 인터넷으로 연결되어 있는 지금은 거의 무한대의 정보 전달이 가능하다는 이야기이지요. 인터넷의 위대함은 바로 여기에 있습니다.

21세기의 주역으로 떠오른 인터넷의 탄생의 계기는 역설적이게도 소련의 인공위성 스푸트니크 1호입니다. 1957년 10월 4일 밤, 워싱턴 주재 소련 대사관에서는 세계적인 과학자들이 참석한 파티가 열리고 있었습니다. 이날 낮에 '로켓과 인공위성에 관한 학술 세미나'가 있었고 그 뒤풀이를 소련 대사관이 주최한 것입니다.

미국 등 서방 과학자들은 베일에 싸여 있는 소련의 과학 기술에 관해 조그만 정보라도 얻으려고 소련 과학자들 주위에 몰려들었습니다. 미국 과학자들이 현재 소련의 우주 과학 기술이면 언제쯤 인공위성 발사가 가능한지 묻자, 소련 과학자들은 너스레를 떨었습니다.

"우리는 조만간 인공위성을 발사하게 될 것입니다."

미국 과학자들이 다시 물었습니다.

"조만간이라면 언제쯤을 말하는 거요?"

소련 과학자들은 여전히 능청을 떨었습니다.

"글쎄, 한 달? 일주일? 아니면, 지금 당장?"

그러자 장내는 웃음바다가 되었습니다. 당장 로켓을 발사할 수 있다는 소련 과학자들을 허풍쟁이로 여겼던 것입니다.

그때 장내 방송이 울려 퍼졌습니다. 세미나를 취재 중인 『뉴욕 타임스』의 월터 설리번 기자를 찾는다는 안내 방송이었지요. 설리번 기자가 달려가 수화기를 들자 편집국장이 다급한 목소리로 말했습니다.

"이봐! 설리번 기자! 방금 타스 통신이 들어왔는데, 소련이 인공위성을 성공적으로 발사했다는 거요. 빨리 확인해 봐요!"

설리번 기자는 전화를 끊자마자 소련 과학자들에게 달려가 타스 통신의 진위 여부를 물었습니다. 그러자 소련 과학자들이 웃음을 터뜨리며 말했습니다.

"우리가 조만간이라고 말하지 않았소!"

순간 파티장은 찬물을 끼얹은 듯 조용해졌고 미국 과학자들의 얼굴은 파랗게 질려 버렸습니다. 철저히 계산된 소련의 행동이었던 것입니다.

여기서 미국의 자존심은 완전히 무너져 내렸습니다. 스푸트니크 1호의 충격은 1969년 아폴로 11호가 달에 착륙할 때까지 12년 동안 미국인들의 뇌리에 **뫼비우스의 띠**처럼 맴돌았던 것입니다.

미 국방성의 충격은 상상을 초월하는 것이었습니다.

'만약 소련이 인공위성을 이용해 미 국방성에 핵폭탄을 투하한다면?'

그것은 소름 끼치는 상상이었습니다. 무기 체제를 컴퓨터에 의존하고 있는 미국으로서는 국방성 메인 컴퓨터가 파괴된다면 전쟁은 하나마나인 것입니다.

국방성은 공군의 싱크탱크인 랜드 연구소(The RAND Corporation)의 배런 박사를 찾았습니다. 1948년에 설립된 랜드 연구소는 미국의 대표적인 정치·외교·군사 정책 연구소이자 세계적인 싱크탱크 기관입니다.

국방성은 배런 박사에게 국방성 메인 컴퓨터가 적의 공격으로 파괴되더라도 영향을 받지 않을 통신망을 개발해 달라고 부탁했습니다. 배런 박사는 7년의 연구 끝에 연구 결과를 담은 보고서를 국방성에 제출했습니다. 핵심 내용은 분산형 통신망이라는 것으로, 통신망을 그물 형태로 짜면 어느 한 곳이 파괴되더라도 다른 경로를 통해 통신할 수 있다는 것이었습니다. 그러나 컴퓨터 지식이 없었던 국방성 관계자들은 배런 박사의 논문을 공상 과학 소설쯤으로 여기고는 창고에 처박아 버렸습니다.

2년의 시간이 지났을 때 미 국방성의 유능한 연구원 릭 라이더가

> **뫼비우스의 띠**
> 기다란 종이를 한 번 꼬아서 양쪽 끝을 맞붙였을 때 이루어지는 띠입니다. 바깥 면과 안쪽 면의 구별이 없는 것이 특징이지요. 바깥쪽을 따라가다 보면 안쪽이 되고, 안쪽을 따라가다 보면 다시 바깥쪽이 되는 모양으로, 독일 수학자 뫼비우스가 창안한 데서 이름이 유래하였습니다.

분산형 통신망에 관한 논문이 있다는 소문을 듣고 창고를 뒤져 그 논문을 찾아냈습니다. 논문을 읽어 내려가던 그는 눈이 휘둥그레졌습니다. 바로 자신이 찾던 내용이었습니다.

그는 MIT의 링컨 연구소로 달려가 배런 박사의 이론을 바탕으로 하는 통신망 개발을 의뢰했습니다. 그리고 다시 3년의 시간이 흘렀습니다. 1969년 9월, 마침내 두 대의 컴퓨터가 완성되어 캘리포니아 대학과 스탠포드 연구소에 설치되었고, 그 둘을 국방성 메인 컴퓨터와 연결하니 이것이 인터넷의 원형이 되었습니다.

변화와 창조를 두려워 마라

생산 방법을 혁신한 헨리 포드

자동차 왕 헨리 포드는 생산 방식의 혁신을 통해 본격적인 자동차 시대를 연 장본인입니다. 그가 고안해 낸 방식은 '컨베이어 시스템(conveyor system)'이라고 불리는 일괄 생산 방식이었습니다. 어셈블리 라인(assembly line)이라고도 부르지요. 일괄 생산 시설이라는 의미입니다.

먼저 컨베이어 시스템과 그 이전의 생산 방식이 어떻게 다른지 알아봅시다. 그 이전의 방식에선 자동차 차체를 세워 두고 근로자들이 일일이 부품을 날라다가 차체에 조립했습니다. 그러다 보니 조립하는 시간보다 부품 운반하는 시간이 훨씬 많이 걸렸지요.

헨리 포드가 고안한 방법은 움직이는 조립 라인이었습니다. 천천히 움직이는 조립 라인 위에 차체를 얹었습니다. 그러면 근로자들은 차체가 지나갈 때 자신이 맡은 부품을 차체에 조립했지요. 이렇게 하면 부품을 고정되어 있는 차체로 가져가서 조립하는 것에 비해 시간이 많이 절약되겠지요?

헨리 포드는 조립 라인을 움직이는 방식 외에도, 모든 부품을 단순하게 만들고 표준화, 전문화함으로써 다시 작업 시간을 줄였습니다. 영어로는 simplification(단순화), standardization(표준화), specialization(전문화)이지요. 학자들은 이것을 줄여서 3S라고 표현합니다. 지금은 자동차뿐만 아니라 거의 모든 공장에서 이런 방식으로 상품을 생산하지만 당시로서는 획기적인 방식이었습니다.

이런 방식으로 헨리 포드는 당시 2,000달러가 넘던 자동차 가격을 850달러까지 낮출 수 있었습니다. 이렇게 생산한 포드의 T-카는 자동차 역사상 가장 많이 팔린 차가 되었지요. 늘 혁신을 강조했던 헨리 포드의 명언을 들어 볼까요?

"변화를 거부하는 사람은 이미 죽은 사람이다. 목표 성취에 방해가 된다면 모든 시스템을 뜯어고치고, 모든 방법을 폐기하고, 모든 것을 던져 버려라."

유통을 혁신한 델컴퓨터

유통에서 혁신을 보여 준 사례 중 하나가 델컴퓨터였습니다. 요즘 대부분의 사람들이 컴퓨터를 사용하지만, 사용 능력은 사람마다 다를 것입니다. 문서 작성과 인터넷 서핑 정도나 하는 사람이 있는가 하면, 전문 프로그램을 운용하는 사람도 있을 것입니다. 그러나 컴퓨터 회사들은 모두 동일한 성능의 컴퓨터만 판매했습니다. 이 점에 착안하여 고객이 요구하는 기능대로 컴퓨터를 조립하여 고객에게 직접 배송해 준 컴퓨터 기업이 바로 델컴퓨터였습니다.

1984년 텍사스 의대 1학년에 다니던 마이클 델은 컴퓨터 판매상들의 중간 마진이 많은 것을 보고 전화와 팩스로 주문을 받아 조립해 주는 방식으로 컴퓨터를 팔기 시작했습니다. 고객이 전화를 걸면 전문가가 고객이 원하는 기능을 파악하여 즉석에서 가격을 제시하고 조립해 주는 방식이었지요. 그러면 고객은 시중보다 훨씬 저렴한 가격으로 자신이 원하는 기능의 컴퓨터를 구입할 수 있는 시스템이었습니다. 이제는 이 모든 과정이 인터넷을 통해서 이루어집니다. 이것이 적중하여 델컴퓨터는 5~6년 후에 PC 시장 점유율 1위에 올라섰고, 2004년에는 『포춘』지가 선정하는 기업 28위에 뽑혔답니다.

새로운 비즈니스 모델을 창안한 페더럴 익스프레스

페덱스(Fedex)는 페더럴 익스프레스(Federal Express)의 약자입니다. 번역하자면 '연방 특급' 정도의 뜻이 되겠네요. 빠른 배송이라는 의미일 것입니다. 프레더릭 스미스라는 젊은이가 창업한 기업입니다. 그의 혁신은 앞서 마이클 델의 혁신을 훨씬 뛰어넘는, 그야말로 파괴적인 발상이었습니다.

그가 창업한 분야는 항공 화물 운송이었습니다. 프레더릭 스미스가 이 사업에 뛰어들기 이전에도 미국에는 이미 여러 개의 항공 화물 운송업체들이 있었습니다. 그들은 모두 똑같은 방식으로 회사를 운영하고 있었지요.

구체적으로 미국 10대 도시를 대상으로 항공 화물 운송업을 한다고 가정해 봅시다. 여러분들이 항공 화물 운송 회사 사장이라면 어떤 방식으로 운영할까요?

10개 도시를 편의상 A, B, C, D, E, F, G, H, I, J라고 합시다. A에서 접수받은 화물을 B, C, D…… 등 목적지별로 9개 도시로 분류한 다음에, 목적지로 향하는 비행기에 실어 보낼 것입니다. 그러면 A에서 접수한 화물을 모두 다른 도시로 보내려면 몇 대의 비행기가 필요할까요? A를 제외한 나머지 도시 전부이니까 9대의 비행기가 필요하게 됩니다. 이는 B, C, D……에서도 마찬가지이지요. 그러면 하루에 접수한 화물을 모두 목적지까지 보내기 위해서는 10개 도시×9대, 즉 90대의 비행기가 필요하게 됩니다. 여기까지는 이해하기 쉽지요?

여기서 프레더릭 스미스는 전혀 다른 방식으로 접근했습니다. 각 도시에서 접수한 화물을 현지에서 분류하지 않고 모두 중앙에 있는 X 지점에 집중시키는 것입니다. 화물이 모두 X 지점에 모이면 여기서 목적지별로 분류해서 해당 비행기가 뜰 때마다 실어 보내는 것이지요. 그러면 비행기는 모두 몇 대가 필요할까요?

10개 지점에서 X 지점으로 가는 비행기 10대, 분류를 마친 다음에 다시 목적지로 가는 비행기 10대, 이렇게 비행기 20대만 있으면 됩니다. 비행기 90대가 필요한 비즈니스 모델과 20대만 있으면 되는 모

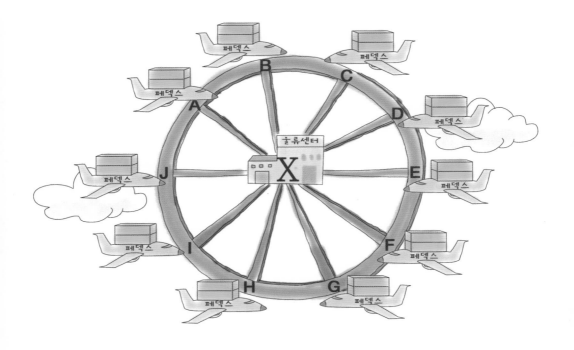

델이 경쟁한다면 누가 이길까요? 경쟁해 볼 필요도 없겠지요. 이해가
잘 안 된다고요? 그럼 위의 그림을 보면서 생각해 봅시다.

　마치 자전거의 바퀴살 같지요? 맞습니다. 프레더릭 스미스는 바로
자전거 바퀴살을 보고 이 모델을 떠올렸다고 합니다. 프레더릭 스미
스는 이 모델을 가지고 항공 화물 사업에 뛰어들어 단숨에 세계의 항
공 화물 시장을 석권했습니다.

　스미스는 이 모델을 대학 시절에 구상했다고 합니다. 그는 자신의
아이디어를 학기 말 리포트로 제출했으나 담당 교수로부터 낙제점을
받았다고 합니다. 나중에 스미스의 성공을 바라본 그 교수님, 무어라

고 말했을까요? 그 교수님 역시 고정 관념에 사로잡혀 있었던 것 같
지요?

방어선이 길면 전력이 분산된다

잭 웰치는 늙은 코끼리로 비유되던 거대 기업 GE를
살려 낸 사람으로 20세기 후반의 가장 위대한 경영자로
꼽히고 있습니다. 어느 기업이든 규모가 커지면 비만증
에 걸린 사람처럼 뒤뚱거리며 변화에 빠르게 대처하지
못하게 됩니다. 경영학자들이 지적하는 거대 기업의 몰락 원인은 바
로 이 비만증과 승리에의 안주라고 합니다.

> **늙은 코끼리**
> 한계에 부딪혀서 더 이상 성장
> 가능성이 희박한 기업을 은유적
> 으로 일컫는 말입니다.

GE는 발명왕 에디슨이 세운 회사로 100년이 넘는 역사를 가졌습
니다. 20세기 주요 발명품 대부분이 미국에서 나왔고, 그것을 주도한
기업이 GE였어요. 말하자면 GE는 미국인들의 자존심과도 같은 기업
이었지요. 100년이 넘는 기간 동안 벌여 놓은 사업 분야만도 150여
개나 되었어요. 에디슨 시절에 시작한 전기, 전자 분야를 포함해서 플
라스틱, 에너지, 동력, 우주, 항공 분야까지, 돈이 된다 싶으면 뛰어들
어 거대한 공룡이 된 것입니다.

그러나 한때는 수익이 좋았지만 이제는 모두 철 지난 업종들뿐으
로, 시장 점유율도 점점 낮아지고 있었습니다. 예를 들어 에디슨이 시
작한 전기, 가전, 전자 분야는 일본, 한국에 시장을 빼앗기면서 거의
수익이 나지 않았지요.

이런 시점에 구원 투수로 등장한 최고경영자가 잭 웰치였습니다.

잭 웰치는 GE를 살려 내려면 과감한 다이어트를 하지 않으면 안 된다고 생각했습니다. 그는 최고경영자로 취임하자마자 간부들에게 다음과 같이 명령했습니다.

"현재 1, 2위인 사업 분야, 그리고 앞으로 10년 이내에 1, 2위를 할 자신이 있는 분야를 제외하고 모두 매각하라!"

임청난 결단이었습니다. 심지어 오늘의 GE를 있게 했던 에디슨의 전기 사업 분야도 처분해야 했지요. 이것은 미국인들의 자존심과도 직결되는 문제였습니다. 게다가 GE 전체 종업원의 25%에 해당되는 13만 명이 직장을 떠나야 했지요. 일부 언론에서는 '매국 행위'라고 까지 비난했습니다. 그러나 그는 굴하지 않고 150여 개에 달하던 사업 분야를 12개로 줄이면서 첨단 기술 분야와 서비스 분야로 에너지를 집중시켰습니다.

그러자 서서히 성과가 나타나기 시작했습니다. 1981년부터 2000년에 은퇴할 때까지 20년 동안 그는 GE의 매출을 270억 달러에서 1,290억 달러로, 순이익을 15억 달러에서 127억 달러로 높이며 GE를 다시 태어나게 한 장본인으로 역사에 남게 되었습니다.

그런 자신감과 추진력이 어디서 나왔느냐고 사람들이 물었습니다. 그러자 잭 웰치는 어린 시절 어머니가 심어 준 것이라고 대답했습니다. 말 더듬는 습관이 있었던 잭 웰치에게 어머니는 이렇게 말했다고 합니다.

"잭, 너는 말을 더듬는 것이 아니라 말보다 머리 회전이 더 빠른 거란다. 앞으로는 말보다는 네가 옳다고 생각하는 것을 행동으로 보여

주어라."

　어머니의 그 한마디가 잭 웰치를 20세기 최고의 인물로 키운 것입
니다.

무형의 상품, 문화 서비스

진정 위대한 기업가는 형체가 없는 무형의 상품을 만들
어 파는 사람일 것입니다. 형체도 없는 상품이 무엇일까

요? 여러분, 소녀시대의 노래 〈Gee〉가 어떻게 생겼나요? 형체가 없지요? 요즘 붐이 일고 있는 K 팝, 드라마, 영화 등의 한류 상품들이 모두 무형의 상품들입니다. 그 외에도 명품 브랜드, 금융 상품, 관광 상품, 서비스 상품 등이 여기에 속하지요.

유형의 상품과 무형의 상품은 또 어떤 차이가 있을까요? 유형의 상품은 원가가 들지만 무형의 상품은 원가가 거의 들지 않는다는 점입니다. 바로 부가 가치가 아주 높다는 의미이지요. 어느 사람이 세계적 브랜드의 핸드백을 구입했다면 핸드백을 구입한 것일까요 아니면 유명 브랜드를 구입한 것일까요? '유명 브랜드'를 구입한 것입니다. 유명 브랜드나 무명 브랜드나 제조 원가는 그리 차이가 나지 않습니다. 그러나 유명 브랜드를 내세우면 열 배 이상의 가격을 불러도 불티나게 팔리는 것이 21세기의 시장이지요. 이제는 물리적 상품을 파는 시대가 아니라 '이미지'와 '감성'을 파는 시대가 되었다는 의미입니다. 그러니 무형의 상품을 파는 기업가가 위대한 기업가입니다.

한류 상품은 일본, 중국, 동남아시아를 거쳐 미국, 유럽에까지 지금 무서운 속도로 상륙하고 있습니다. 음악, 드라마, 영화, 게임 등 한류 상품의 경제적 효과는 대략 5조 원에 이른다고 하지요. 이런 직접적인 경제 효과 외에도 한류 상품은 국가 이미지를 좋게 하여 휴대전화, 가전제품 등 IT 분야의 제품들과 화장품, 한식, 한국의 패션, 성형 수술, 관광 상품의 매출 증가에도 크게 기여합니다. 예를 들어 강남의 성형외과들은 한류의 영향을 받아 몰려오는 중국과 동남아시아 고객들 바람에 즐거운 비명을 올리고 있다고 합니다.

또 일본은 자국산 전자 제품만을 고집하는 나라로 유명한데, K 팝이 진출하자 한국산 전자 제품의 수출도 동시에 늘어났어요. 물론 한국 전자 제품 수준이 그만큼 좋아졌다는 이야기도 되겠지요. 수출입은행의 조사에 의하면 한류 상품의 파급 효과는 4배 정도라고 합니다. 특정 국가에 한국 드라마가 수출되면 다른 상품 수출이 4배 정도 늘어난다는 의미예요. 이제 한류 상품은 한국의 효자 상품으로 자리 잡고 있습니다.

한류 상품 시장이 이렇게 성장하자, 이를 기획한 연예 기획사들도 대기업 반열에 오르기 시작했습니다. K 팝 스타의 산실 격인 SM엔터테인먼트는 코스닥에 상장하여 시가 총액 10위권 안에 드는 대기업으로 성장하였습니다. 이 회사의 이수만 대표 역시 2,000억 원대의 자산가가 되었지요.

21세기의 상품은 단순히 기능만 좋다고 해서 성공하지 못합니다. 스티브 잡스가 말했지요. 기술과 기능은 기본이고 그 상품만이 갖는 강렬한 개성과 감성적인 디자인, 그리고 인간적인 스토리가 있어야 한다고 말입니다. 한류가 세계적 상품으로 자리 잡기 위해서는 꼭 유념해야 할 내용입니다.

1990년대 중반경 처음으로 문화 시장을 개방한다고 했을 때 많은 사람들이 걱정했습니다. 문화 시장을 개방하면 몇 년 이내에 한국은 일본 문화의 거리로 바뀌고 말 것이라고 말입니다. 그러나 결과는 그 반대가 되었습니다.

그 원인이 무엇일까요? 바로 한국과 일본 사람들의 기질 차이입니다. 일본인은 세계에서 가장 아날로그적인 민족인 반면 한국인은 세계에서 가장 디지털적인 민족입니다. 아날로그는 기계적·논리적 세상인 반면 디지털은 상상력이 지배하는 세계이지요. 그래서 아날로그적인 상품이 지배하던 20세기 중·후반에는 일본이 선두를 달렸지만, 세상이 디지털적인 것으로 바뀌자 한국이 일본을 따라잡을 수 있게 된 것입니다. 한류뿐 아니라 많은 분야에서 세계 1위가 속속 등장하고 있습니다. 이것이 한국의 저력입니다. 이 책을 읽는 여러분들은 꼭 21세기의 주역이 되어 한국을 세계만방에 빛내 주시기 바랍니다.

경제 plus

재미있는 발명법

손정의는 미국 유학 시절 학비를 벌기 위해 영어-일본어 번역기를 개발했습니다. 그가 발명에 도전했던 이야기가 너무 재미있어서 여기에 소개해 봅니다.

우선 자신이 관심을 가지는 분야와 관련된 단어 300개를 카드에 적었답니다. 그리고는 아침에 일어나면 300장의 카드 중에서 3장을 무작위로 뽑아서 책상에 얹어 두고서 상상의 나래를 펼치는 것이었습니다.

'이 셋을 모두 더하면 무엇이 될까?'

'크기를 축소하면?'

'색깔을 달리하면?'

'뒤집으면?'

이런 식으로 상상하다 보면 세상에 없는 전혀 새로운 상품에 대한 아이디어가 떠오르게 됩니다. 그는 이런 식으로 200여 개의 상품 아이디어를 만들어 냈다고 합니다. 영어-일본어 번역기도 그 과정에서 탄생한 발명품이었지요. 손정의는 발명에 대해서 세 가지 패턴을 제시하고 있습니다.

하나, 어떤 문제가 있다면 그것을 해결하기 위해 논리적으로 접근한다.

둘, 수평적 사고법 즉, 둥근 것을 사각으로, 사각을 삼각형으로, 하얀 것은 빨갛게 등, 문제를 다른 방법으로 접근한다.

셋, 조합을 통해 새로운 개념을 만들어 낸다.

다음은 다양한 조합으로 탄생한 아이디어 상품들입니다.

1. 바지를 사면 길이가 맞지 않아서 수선집을 찾아가서 줄여야 하지요. 바지와 접착테이프를 합치면 바짓단을 줄이는 테이프가 됩니다. 요즘 일본의 히트 상품입니다.

2. 고목나무 밑동을 잘라 내이 예쁘게 다듬은 다음 시계 무브먼트(기계 장치)를 장착하면 고급스러운 장식용 시계가 됩니다.

3. 칫솔과 전기를 합치면 요즘 인기가 있는 전동 칫솔이 됩니다.

4. 족집게와 돋보기를 합치면 돋보기 족집게가 됩니다. 족집게로 작은 물건을 집으려면 잘 보이지 않기 때문에 돋보기를 장착한 것입니다.

5. 화장품과 냉장고를 합치면 화장품 냉장고가 됩니다. 화장품은 화학성 제품이기 때문에 상온에 오래 두면 변질되기 쉽습니다. 이것을 방지하기 위해 화장대 위에 놓고 쓸 수 있는 미니 냉장고가 화장품 냉장고입니다.

6. 안경과 카메라를 합치면 007 영화에 많이 나오는 몰래 카메라가 됩니다. 안경을 만지작거리면 사진이 찍히지요.

7. 나무와 계산기를 합치면 버튼이 나무로 된 계산기가 됩니다. 친환경 제품으로 인기가 좋다고 합니다.

8. 물고기와 리모컨을 합치면 공중을 헤엄치는 물고기가 됩니다. 풍선으로 물고기 모양을 만들고 리모컨 수신기를 달아 방 안을 헤엄쳐 다니게 한 제품입니다.

9. 운동화와 전기를 합치면 아이들이 좋아하는 빛을 내는 운동화가 만들어집니다.

10. 나비와 태양열을 합치면 태양열로 날갯짓을 하는 나비가 됩니다. 나비 모형을 만들어 화분에 얹어 놓으면 낮 동안 날갯짓을 하며 움직입니다.

그 외에도 아이디어 상품을 얼마든지 만들 수 있습니다. 아이디어 상품의 기초는 덧셈, 뺄셈이라는 것을 꼭 기억하세요.

"새로운 시도는 실패의 위험이 따르지만 세상을 바꿀 수 있는 유일한 방법입니다"

이제 슘페터 경제학 강의를 마무리할 차례입니다. 그 전에 꿀벌과 사람의 차이가 뭔지 한번 짚어 볼까요. 꿀벌은 세상에서 가장 부지런한 곤충이지요. 그래서 사람들은 부지런한 꿀벌을 칭찬합니다.

그런데 꿀벌은 1만 년 전이나 지금이나 똑같은 생활을 반복하고 있습니다. 반면 1만 년 전에 나무 열매를 따고 물고기를 잡던 인간은 지금은 찬란한 현대 문명을 일구었습니다. 결국 꿀벌과 사람의 차이는 같은 일을 반복하느냐 새로운 시도를 하느냐 하는 것입니다. 새로운 시도에는 실패의 위험이 따르지만, 이것이 세상을 바꿀 수 있는 유일한 방법입니다. 내 이론의 핵심도 '혁신'을 통한 '창조적 파괴'만이 경제를 발전시킬 수 있다는 것이었고요.

나 이전의 경제학자들은 경제 문제의 초점을 수요와 공급에 맞추었다는 것 기억하나요?

수요와 공급이 가격을 결정하고, 이 가격을 중심으로 다시 수요와 공급의 균형이 이루어진다고 생각했답니다. 이것을 정태적 균형이라고 부르지요. 이에 비해 나는 자본주의 경제는 늘 동태적이고 혁신적이어야 한다고 생각했습니다. 수업을 진행하면서 경제를 달리는 자전거에 비유한 적이 있지요. 계속 페달을 밟아 주지 않으면 쓰러지는 자전거처럼, 경제는 끊임없이 기회를 창출하고 변화하는 시장에 의해 앞으로 나아가게 됩니다. 변화를 일으키는 것, 그것이 혁신이지요. 그리고 그 혁신의 주역은 기업가라고 생각했습니다.

여러분, 1등을 하는 가장 쉬운 방법이 무엇인지 아시나요? 바로 남과 다르게 하는 것입니다. 남이 하지 않는 분야의 일을 하면 1등을 하게 되지요. 혁신 혹은 창조적 파괴도 지금까지의 방식을 버리고 아무도 하지 않았던 새로운 방식으로 접근하라는 것입니다. 그리고 그것을 가능하게 하는 것이 위험을 무릅쓰고 도전하는 기업가 정신입니다.

한국은 지금 선진국의 문턱에 와 있습니다. 한국이 선진국에 진입하기 위해서는 모험 정신으로 무장한 젊은이들이 많이 나와야 합니다. 이제는 사람의 머릿속에서 만들어지는 소프트웨어나 첨단 기술 하나가 가장 큰 경쟁력이 되고 있습니다. 여러분이 열심히 공부하고 패기에 찬 기업가 정신으로 무장할 때, 21세기의 한국은 세계가 부러워할 선진국이 될 수 있을 것입니다. 여러분이 한국의 미래라는 사실을 잊지 말기 바랍니다.

2009년 수능 경제 13번

다음 글의 ㉠~㉢에 대해 옳게 설명한 학생만을 〈보기〉에서 있는 대로 고
른 것은? [2점]

> 미국 정부는 ㉠자국에서 나타난 경제적 문제를 해결하기
> 위해 뉴딜 정책을 실시하였다. 이를 계기로, ㉡뉴딜 이전
> 의 지배적인 경제 철학에서 형성되었던 시장과 정부 간
> 의 관계가 근본적으로 바뀌었다. 뉴딜은 ㉢경제 정책을
> 통해 대공황 극복의 계기를 마련함으로써 ㉣정부 개입을
> 통한 경기 조절이라는 새로운 정부의 역할을 제시하였던
> 것이다.

〈보기〉

> 갑: ㉠은 대량 실업과 인플레이션이었어.
> 을: ㉡에서는 정부 간섭의 최소화를 이상적으로 보았어.
> 병: ㉢의 과정에서 공공 사업이 확대되었어.
> 정: ㉣을 위해 뉴딜 기간 동안 총공급 확대에 주력했어.

① 갑, 을   ② 을, 병   ③ 병, 정

④ 갑, 을, 병   ⑤ 을, 병, 정

2007년 수능 경제 1번

다음 사례를 통해 도출할 수 있는 결론으로 가장 적절한 것은? [2점]

> 다국적 택배 회사 ○○사는 유럽에서 빠른 배달 속도를 강조하기 위해 자동차 경주를 소재로 광고하여 성공하였다. 하지만 이 광고는 한국에서 별 효과를 보지 못했다. 자동차 경주가 유럽에서는 축구와 더불어 인기 스포츠였으나, 한국에서는 덜 알려졌기 때문이었다. 이에 ○○사는 한국에서 가족주의 전통이 강하다는 것을 고려하여 "가족의 행복까지 전해 드립니다!"라는 문구를 사용했다.

① 문화는 상품화되어 국경을 자유롭게 넘나든다.

② 사회 문화적 배경은 경제 행위에 영향을 미친다.

③ 세계화의 진전은 국가 간의 경제 의존도를 높인다.

④ 경제 생활은 사회의 정치 발전 정도에 따라 다르다.

⑤ 다국적 기업의 광고 내용은 국내법의 적용을 받는다.

2006년 수능 경제 12번

다음 글에서 밑줄 친 부분에 해당하는 내용을 〈보기〉에서 모두 고른 것은? [2점]

미국의 경제학자인 ○○ 교수는 동아시아의 경제 기적은 오래가지 못할 것이라고 주장하였다. 그 이유로 동아시아 지역 신흥 공업국의 고도 성장은 생산성의 증가에 기인한 것이라기보다는 주로 노동과 자본의 투입 증대에 기인하였다는 점을 들었다.

〈보기〉

ㄱ. 자동차 공장 증설
ㄴ. 기업의 경영 혁신
ㄷ. 여성 취업자의 증가
ㄹ. 공무원의 부정 부패 감소

① ㄱ, ㄴ   ② ㄱ, ㄷ
③ ㄴ, ㄷ   ④ ㄴ, ㄹ
⑤ ㄷ, ㄹ

● 기출 문제 활용 노트 답안

2009년 수능 경제 13번 답 ②

뉴딜 정책은 미국의 루스벨트 대통령이 대공황을 극복하기 위하여 추진한 경제 정책입니다. 심각한 경제 침체로 인해 산업의 생산량이 감소하고 회사들이 줄줄이 파산하였습니다. 이로 인해 실업률이 25% 정도까지 치솟았습니다. 뉴딜 정책 이전까지 미국의 경제 정책은 정부의 간섭을 최소화하는 전통적인 자유방임주의였습니다. 하지만 뉴딜 정책 이후 정부는 은행 규제를 강화하고 회생 가능한 곳에는 전폭적으로 지지하는 등 경제 전반에 대해 깊숙이 관여했습니다.

따라서 〈보기〉 중 을과 병이 뉴딜 정책에 대해 옳게 설명하고 있습니다. 갑의 경우 대공황으로 인해 실업자가 급등한 건 옳지만 인플레이션은 일어나지 않았습니다. 또한 뉴딜 기간 동안 총공급 확대에 주력했다는 정의 의견도 옳지 않습니다. 뉴딜 기간 동안 미국 정부는 총수요 확대에 주력했기 때문입니다.

2007년 수능 경제 1번 답 ②

위에 제시된 사례는 국가별 문화에 따라서 광고의 효과가 달라지고 있음을 설명하고 있습니다. 즉, 한 나라가 가지고 있는 문화는 그 문화권에 속한 사람들의 경제 활동에도 영향을 미친다는 결론을 도출할 수 있습니다. ③ 문항의 경우 세계화가 진전될수록 국가 간의 무역 활동이 활발해지고 무형 자원의 이동이 쉬워짐으로써 국가 간의 경제 의존도가 높아진다고 볼 수 있으나, 제시된 사례에서는 각 나라가 가지고 있는 고유의 문화에 따라 경제 활동이 달라지고 있음을 보여 주므로 제시된 사례와는 어울리지 않는다고 볼 수 있습니다.

2006년 수능 경제 12번 답 ②

제시된 글에 따르면 동아시아의 급속한 성장 원인을 노동과 자본의 투입 증대에서 비롯된 것으로 보았습니다. 일반적으로 경제 성장의 요인은 생산 요소의 양적 증대와 질적인 증대로 구분할 수 있습니다. 생산 요소는 재화의 생산 과정에 투입, 결합되는 경제 자원을 뜻합니다. 생산 요소는 자연 자원인 토지, 인적 자원인 노동, 물적 자원인 자본으로 나뉘게 됩니다. 제시된 글에서는 노동과 자본의 투입이 증대되었다고 보았으므로, 생산 요소의 양적인 증대를 의미하게 됩니다. 따라서 〈보기〉 중 자동차 공장의 증설(자본)과 여성 취업자의 증가(노동)가 생산 요소의 양적인 증대라고 볼 수 있습니다. 기업의 경영 혁신과 공무원의 부정 부패 감소는 생산 요소의 질적인 증대를 통한 성장으로 볼 수 있습니다.

요즘에는 생산 요소의 제4요소로 기업가 능력을 포함시켜야 한다는 주장도 있습니다. 여기에는 생산 요소의 조직화와 혁신, 기업을 경영하는 데 따르는 위험 부담 능력 등이 포함됩니다.

○ 찾아보기

경제학자가 들려주는 경제 이야기 14

창조적인 아이디어를 찾아라!
— 슘페터가 들려주는 기업가 정신 이야기

© 이영직, 2012

초판 1쇄 발행일 2012년 11월 30일
초판 8쇄 발행일 2022년 10월 5일

지은이   이영직
그린이   황기홍
펴낸이   정은영

펴낸곳   (주)자음과모음
출판등록   2001년 11월 28일 제2001-000259호
주소   10881 경기도 파주시 회동길 325-20
전화   편집부 02) 324-2347 경영지원부 02) 325-6047
팩스   편집부 02) 324-2348 경영지원부 02) 2648-1311
이메일   jamoteen@jamobook.com

ISBN 978-89-544-2565-0 (44300)